BASTEI
LÜBBE

Stefan Mayr

»Es steht 0:0. Oder umgekehrt?«

Kurioser Fußball in Zahlen

Mit Illustrationen von Martin Stark

Gestaltet von Klaus Schneider

BASTEI LÜBBE

BASTEI LÜBBE TASCHENBUCH
Band 60597

1. Auflage: März 2008
2. Auflage: Mai 2008

Gewidmet den 3 genialsten Volltreffern aller Zeiten:
Keren, Maximilian und Liam

Vollständige Taschenbuchausgabe

Bastei Lübbe Taschenbücher in der Verlagsgruppe Lübbe

Titelbild: © PantherMedia/Leo Engelbrechtslehner
Umschlaggestaltung: Bettina Reubelt
Satz: Textverarbeitung Garbe, Köln
Druck und Verarbeitung: GGP Media GmbH, Pößneck
Printed in Germany
ISBN 978-3-404-60597-2

Vorwort? Ach was!

Haben sie jemals ein geiles Fußball-Spiel gesehen, das mit einem Vorwort begann? Eben. Sie wollen trotzdem wissen, was auf Sie zukommt? Kein Problem. Hier ist das Zahlen-Vorspiel, das übrigens auch bestens für den Fanblock, Stammtisch oder die Geburtstagsparty geeignet ist. Bevor Sie die Fragen in die Runde werfen und sich als Experte aufspielen, sollten Sie allerdings dieses Buch gelesen haben. Denn die Antworten haben sich irgendwo auf den folgenden 190 Seiten versteckt. Lassen Sie sich überraschen.

1. Wie viele Zuschauer sahen das erste offizielle Länderspiel Deutschlands in Basel gegen die Schweiz?

A) 35
B) 350
C) 3500
D) 35000

2. Wer ist mit 1329 Treffern der Weltrekord-Torschütze aller Zeiten?

A) Pelé, schwarze Perle
B) Gerd Müller, Bomber der Nation
C) Franz »Bimbo« Binder
D) Artur Friedenreich, Deutsch-Brasilianer

3. Um wie viele Zentimeter war Garrinchas linkes Bein kürzer als das rechte?

A) 2
B) 4
C) 6
D) 8

4. An wie vielen Europameisterschaften nahm Österreich zwischen 1964 und 2004 teil?

A) 0
B) 1
C) 2
D) 3

⚽

5. Welche Rückennummer trug der niederländische Torwart Jan Jongbloed im WM-Finale 1974 in München?

A) 1
B) 8
C) 12
D) 18

⚽

6. Wer trug damals die Nummer 9 im deutschen Team?

A) Bernd Hölzenbein
B) Jürgen Grabowski
C) Gerd Müller
D) Heinz Flohe

⚽

7. Wer hält mit 6 Toren in einem Spiel den Bundesliga-Rekord?

A) Dieter Müller
B) Gerd Müller
C) Hans Müller
D) Andreas Möller

⚽

8. Welcher der 4 folgenden Vereine hat ein 4-blättriges Kleeblatt im Wappen?

A) SpVgg Greuther Fürth
B) Rot-Weiß Oberhausen
C) Celtic Glasgow
D) Omonia Nikosia

⚽

9. Wie viele Original-Exemplare der jetzigen Champions-League-Trophäe und des einstigen Europapokals der Landesmeister sind derzeit im Umlauf?

A) 1
B) 3
C) 5
D) 7

10. In den Abendhimmel welcher Stadt ballerte der Fast-Schon-Münchner Lothar Matthäus seinen Elfmeter im DFB-Pokalspiel gegen den FC Bayern? Und wann war das?

A) 1983 in Mönchengladbach
B) 1984 in Frankfurt
C) 1985 in Berlin
D) 1986 in München

DAS 1. MAL

ca. 7777 v. Chr

Wann genau der erste Tritt eines menschlichen Wesens gegen eine Kugel getan wurde, weiß nur Gott. Aber wer ihn ausgeführt hat, ist überliefert: Kain war es, in Evas Bauch. Denn Joseph S., der Herr über den Weltfußball, sprach: »Jedes Kind kommt als Fußballer zur Welt. Denn das ungeborene Kind im Mutterleib boxt nicht mit den Händen, es benutzt nicht den Kopf, es kickt.«

1848

Die Universität von Cambridge präsentiert ihre wichtigste Veröffentlichung: das erste Fußball-Regelbuch. Die *Cambridge Rules* haben Studenten formuliert – und keiner hält sich dran. Alle kicken so weiter, wie sie es gewohnt sind.

1863

John Cartwright intiiert ein Treffen von Vertretern aller Privatschulen und Universitäten, an denen Fußball gespielt wird. Daraufhin treffen sich sechs Herren in Cambridge, um die Vereinheitlichung der Regeln zu diskutieren. Sie einigen sich auf 14 Paragrafen, die unter anderem das Beinstellen und das Treten des Gegners sowie das Laufen mit dem Ball in der Hand verbieten. Das manuelle Abfangen gegnerischer Pässe ist allerdings noch erlaubt. Nur der Gentleman aus dem Städtchen Rugby ist unzufrieden und tritt der am 26. Oktober gegründeten *Football Association* (F.A.) nicht bei. Und wenn er nicht gestorben ist, dann wickelt er sich noch heute Isolierband um die Ohren und rennt mit einem Ei unterm Arm in gleichgesinnte Fleischberge hinein.

1866

Die erste – aber gewiss nicht letzte – Reform der Abseitsregel. Bisher war jedermann abseits, der im Moment des Abspiels vor dem Ball stand (wie es beim Rugby noch heute ist). Fortan darf der Ball auch nach vorne gepasst werden – aber nur, wenn mindestens drei Gegenspieler vor dem Adressaten stehen.

1872

Nach einigen inoffiziellen Probeläufen steigt am 30. November das erste richtige Länderspiel: Im »West of Scotland cricket ground« in Partick sehen 4 000 Zuschauer das Duell Schottland gegen England. Das Ergebnis ist vielversprechend: 0:0.

1874

Nottingham Forests Nationalspieler Samuel Widdowson trägt über seinen Stutzen Schienbeinschoner und lässt sich seine Idee patentieren.

1875

Der Fußball eilt mit raumgreifenden Schritten gen 20. Jahrhundert: Erstmals wird – das Wembleytor war also von langer Hand vorbereitet – die Schnur zwischen den Pfosten durch eine Holzlatte ersetzt, erstmals gibt es Halbzeitpause und Seitenwechsel.

1877

Die FA sieht sich gezwungen, den Feldverweis einzuführen.

1878

Beim Spiel Nottingham Forest – Sheffield Norfolk präsentiert der Schiedsrichter die schrillste Erfindung seit langem: eine Trillerpfeife.
Und am Abend des 28. Oktober findet das erste Spiel mit künstlicher Beleuchtung statt. Beim Testkick von Third Lanark gegen

Vale of Leven FC befindet sich auf einem Podest ein Scheinwerfer, der 90 Minuten lang auf den Ball gerichtet wird.

1879

Der erste Schweizer Klub wird gegründet: FC St. Gallen. Das Motto des helvetischen Vereinsfußballs lautet seither: Die Ersten werden die Letzten sein.

1880

Die Deutschen ziehen nach: Bremer Football Klub.

1889

Ein Freund des Rugby-Spiels fragt seinen Mitstudenten Charles Wreford-Brown im Campus-Slang der Oxforder Universität, ob er am Nachmittag »Rugga« spielen wolle. Wredord-Brown antwortet spontan: »No, Socca.« Damit kürzt er »Association Football«, die gebräuchliche Bezeichnung für Fußball, ab und erfindet jenes Wort, das 1895 erstmals niedergeschrieben wird: Soccer. Später wird Wreford-Brown englischer Nationalspieler und Vize-Präsident der *Football Association.*

1890

In Liverpool werden die ersten Tornetze installiert – man zurrt sie allerdings nicht am Gestänge fest, sondern spannt sie parallel zur Torlinie hinter dem Tor auf, etwa wie die heutigen Schutzzäune zwischen Spielfeld und Tribüne.

1891

Der Verteidiger Hendry von Notts County ist der erste Feldspieler der Welt, der auf der Torlinie in voller Absicht die Hand zu Hilfe nimmt, um ein Gegentor zu verhindern. Den folgenden Freistoß bringt Stoke nicht unter, weil das komplette Notts County-Team auf der Torlinie steht. Daraufhin führt die FA notgedrungen den Elfmeter ein – Hendry sei Dank.

MIR IST EGAL, OB DIE DEUTSCHEN 4-4-2 ODER 4-5-1 SPIELEN, VON MIR AUS KÖNNEN DIE AUCH 4711 SPIELEN. RICHARD MOELLER-NIELSEN VOR DEM EM-FINALE 1992

1894

Der Ball landet in Österreich: Als erster Klub wird am 22. August Vienna gegründet.

1895

Das erste Frauenspiel geht in London über den Rasen. Der British Lady Football Club lockt nicht wenige Zuschauer an. Die Damen kicken in langen Strümpfen, Bluse und knielangem Rock. Sieben Jahre später wird Frauenfußball in England verboten.

1902

Die erste Stadion-Katastrophe: Am 5. April stürzt während des Länderspiels England – Schottland im Glasgower Ibroxpark eine Tribüne ein. 25 Menschen sterben, 340 werden schwer verletzt.

1904

Die 40 Jahre alte Regel, wonach die Hose das Knie des Mannes bedecken muss, wird aufgehoben.

1908

Deutsche Doppelpremiere: Im ersten offiziellen Länderspiel gelingt auch gleich das erste Eigentor. Am 5. April befördert Ernst Jordan von Kricket-Viktoria Magdeburg die Kugel hinter die eigene Linie. Deutschland unterliegt der Schweiz vor 3 500 Zuschauern in Basel mit 3:5. Es ist Jordans letzter Auftritt im Nationaltrikot.

1913

Der Abstand des Gegners beim Freistoß wird festgelegt: 10 Yards beziehungsweise 9,15 Meter.

1920

Walther Bensemann gründet die Fußball-Zeitschrift »Kicker« und legt großen Wert auf Berichterstattung mit Esprit und Niveau. Das gleichnamige Sportmagazin von heute hat mit Bensemanns Schöpfung definitiv nur den Namen gemeinsam.

1921

Auf der Insel wird das Fußball-Toto eingeführt.

1922

Der italienische Nationalspieler Umberto Caligaris führt seinen Sport in eine neue Dimension: Er erfindet Scherenschlag und Fallrückzieher.

1924

Sam Chedgzoy vom FC Everton macht aus einem Eckstoß ein wahrlich einmaliges Tor: Er dribbelt den Ball von der Eckfahne bis in den Strafraum und versenkt ihn im Netz. Wenig später ergänzt die FA ihre Regeln: Wer eine Ecke ausführt, darf den Ball erst wieder berühren, wenn zuvor ein anderer Spieler die Kugel berührt hat.
Im selben Jahr führt Österreich als erste Nation auf dem Kontinent probeweise das Profitum ein.

1927

Auf dem Titelblatt der englischen Programmzeitschrift *Radio Times* prangt ein Fußballfeld – unterteilt in acht gleichgroße Rechtecke. Grund des grafischen Abenteuers: Die erste Live-Radioreportage der BBC. Das Spiel Arsenal – Sheffield in Highbury kommentieren zwei Männer. Der eine beschreibt das Geschehen, der andere ruft im Hintergrund die Nummer des Kästchens, in dem sich der Ball gerade befindet. Und zuhause sitzen die Menschen mit der Programmzeitschrift auf dem Schoß und lauschen.

1928

Die ersten Nummern-Boys: Am 25. August treten sowohl Arsenal als auch Chelsea mit Zahlen auf ihren Trikots zu ihren Ligaspielen gegen Sheffield respektive Swansea an. Es dauert allerdings weitere fünf Jahre, bis 1933 das erste Cupfinale mit Rückennummern bestritten wird. Dabei tragen die Akteure des FC Everton die Zahlen 1 bis 11, während Manchester City mit 12 bis 22 aufläuft. Bei Weltmeisterschaften werden die Nummern erst 1954 Pflicht. Bei der WM 1950 spielen vier Mannschaften mit Nummern, die restlichen neun Teams ohne.

1930

Der erste Skandal in Deutschland: Der FC Schalke zahlt seinen Spielern statt der erlaubten fünf Mark Spesen zehn Mark. Der DFB schließt den Verein wegen »Berufsspielertums« ein Jahr aus dem Verband aus. Daraufhin springt Schalke-Kassierer Willi Nier in den Rhein-Herne-Kanal und stirbt. Beim ersten Spiel nach der Sperre am 1. Juni 1931 wird es eng in der Glückauf-Kampfbahn. Einige der 70 000 Zuschauer nehmen auf den Torlatten Platz.

1936

Das deutsche Fernsehen zeigt am 15. November das Faschistenderby Deutschland-Italien – die erste Live-Übertragung der Welt. Allerdings sitzen im Stadion mehr Menschen als vor den TV-Geräten. Die Mannschaften trennen sich brüderlich mit einem 2:2, das beide Seiten zu historischer Stunde vor einem Gesichtsverlust bewahrt.

1941

Zum ersten (und vermutlich letzten) Mal sichert sich eine Mannschaft aus Wien den Titel des Deutschen Meisters. Drei Jahre nach der Einverleibung der »Ostmark« in Hitlers Reich und wenige Stunden nach dem Einmarsch der Wehrmacht in Russland treten am 22. Juni im Berliner Olympiastadion der FC Schalke 04 und Rapid Wien zum 33. Endspiel an. Die Rapidler liegen gegen den fleißig kreiselnden Titelverteidiger nach einer Stunde zwar mit 0:3 in Rückstand. Doch Wiens Franz »Bimbo« Binder zelebriert vor 95 000 (meist uniformierten) Zuschauern einen Hattrick, Rapid dreht das Ergebnis innerhalb von zehn Minuten in einen 4:3-Sieg.

1949

Der erste deutsche Italien-Legionär macht sich auf den Weg über die Alpen: Ludwig Janda wechselt vom TSV 1860 München zum FC Padua.

1951

Der 1. FC Köln, erst drei Jahre zuvor aus der Fusion des KBC 01 mit der SpVgg Sülz 07 entstanden, hält im Winterbau des Zirkus Althoff seine Karnevalssitzung ab. Dabei überreicht Zirkusprinzipalin Carola Williams dem FCK-Präsidium ein Geschenk, das der Klub so schnell nicht mehr los wird: einen leibhaftigen Geißbock. Das Tier avanciert in großen Sprüngen zum unverzichtbaren Bestandteil des Vereinslebens und -logos. Ein Name ist ebenfalls schnell gefunden: Hennes – nach dem damaligen Spielertrainer Weisweiler, den das zutrauliche Tier angeblich umgehend angepinkelt hatte. Dem ersten Geißbock folgten weitere; beim Zweitliga-Abstieg 2004 amtierte Hennes VII.

1954

»Aus dem Hintergrund« fällt am 4. Juli ein Tor, keiner wankt, Regen prasselt, Herbert Zimmermann ist auch schon verrückt, Toni Teufelskerl, Toni Fußballgott, der Sekundenzeiger, Aus: Deutschland ist erstmals Weltmeister.

1958

Der erste WM-Auftritt des 17-jährigen Edson Arantes do Nascimento und des 24-jährigen Manoel Francisco dos Santos. Nachdem sie zwei Vorrundenspiele auf der Ersatzbank verbracht haben, machen Pelé und Garrincha die ersten drei Minuten gegen die Sowjetunion zu den fulminantesten des brasilianischen Fußballs – wenn nicht sogar des Weltfußballs. Noch in der 1. Minute schnappt sich Garrincha den Ball und gibt ihn 40 Sekunden lang nicht mehr her. Sein Dribbling endet mit einem Pfostenschuss. 20 Sekunden später bedient er Pelé, der trifft ebenfalls das Gestänge. In der 3. Minute landet die Kugel endlich im Tor, Edvaldo Izidio Neto (Vavá) macht das 1:0. Nach dem 2:0-Sieg verpassen Pelé und Garrincha keine Minute mehr. Sie führen Brasilien zum ersten WM-Titel.

1963

Der erste Bundesliga-Spieltag. Wie es sich für ein gesundes Frischgeborenes gehört, lässt der erste Schrei nur wenige Sekunden auf sich warten. An diesem 24. August zeigt sich in Bremen der Spätsommer nach einem Regenschauer in seinen besten Farben. Der Rasen strahlt saftig grün mit den 32 000 Zuschauern um die Wette. Auf dem langsam trocknenden, bestens präparierten Platz ist die erste Bundesliga-Minute noch nicht vorüber, da entlockt der Dortmunder Friedhelm »Timo« Konietzka dem Baby das erste Lebenszeichen. Es heißt: 1:0 für Borussia. Jahre später wird Konietzka ganz bescheiden auf das erste Bundesligator zurückblicken: »Das war nichts Besonderes. Aus sieben Metern mit der Innenseite eingeschoben, dazu noch ohne Bedrängnis.« Was viele aber nicht mehr wissen: Konietzka ist angeschlagen ins Spiel gegangen, und trotz einer dicken Bandage hält er bis zum Schluss durch und schießt in der 90. Minute sogar noch das

> WIR MÜSSEN VON DER 1. SEKUNDE AN VOLL WACH SEIN UND DAS DANN BIS ZUR 90. DURCHHALTEN.
> GIOVANE ELBER

zweite Tor der Dortmunder. Das Spiel gewinnen allerdings die Bremer mit 3:2.
Am Montag darauf druckt der *Kicker* die besten Spieler in fetten Buchstaben – diese Ehre wird unter anderen dem Hertha-Verteidiger Otto Rehagel zuteil, wohlgemerkt mit nur einem H. Unter »Besondere Vorkommnisse« berichtet das Sportmagazin über den Kaiserslauterner Walter Gawletta: »…schied er in der 2. bis 10. Minute und dann noch einmal von der 13. bis 23. Minute aus.« Was zu Beginn des 21. Jahrhundert kurios klingen wird, ist anno 1963 normal. Auswechslungen sind noch nicht erlaubt. Aber Trainer-Entlassungen: Am neunten Spieltag erwischt es als ersten Herbert Widmayer vom 1. FC Nürnberg.

1964

Während Bayern München noch in der Regionalliga um den Aufstieg in die Bundesliga kämpft, baut Manchester United in Old Trafford die ersten verglasten VIP-Boxen ein.

1965

Im Europapokal der Cupsieger wird testweise eine Idee des Schweizer UEFA-Generalsekretärs Hans Bangerter eingeführt. Die Auswärtstore-Regel. Der Messecup (später: UEFA-Cup) wird dagegen noch nach altem Modus gespielt – was zu zehn Entscheidungsspielen (und drei Losentscheiden) führt. Sechs davon wären mit Bangerters Erfindung unnötig gewesen. Dennoch dauert es bis 1970, ehe in allen Europacup-Duellen bei Punkt- und Torgleichheit die Anzahl der erzielten Auswärtstore entscheidet.

1967

Hermann Erlhoff hat es zwischen 1967 und 1976 auf 162 Bundesliga-Einsätze (15 Tore) gebracht. Ein durchschnittlicher Spieler, um es diplomatisch auszudrücken. Aber am 19. August läuft er in der 34. Minute in die Glückauf-Kampfbahn auf Schalke ein und sichert sich seinen Platz in allen besseren Fußball-Geschichtsbüchern. Während Gerd Müllers Torrekorde eines Tages bestimmt gebrochen werden – und wenn man dafür die Abseitsregel aufheben, die Torgröße verdoppeln und dem Keeper den Gebrauch der Hände verbieten muss –, hat Erlhoff nichts und niemanden mehr zu fürchten. Er ist und bleibt in alle Ewigkeit der erste Wechselspieler der Bundesliga. Zusammen mit Heinz Pliska, dem Ausgetauschten.

1971

Am 28. März knallt Gerhard Faltermeier vom SSV Jahn Regensburg im Regionalliga-Spiel gegen den VfR Mannheim einen 20-Meter-Freistoß ins Kreuzeck. Der Ball bleibt zwischen Winkelbogen und Netz stecken. Hinter dem Tor steht eine Kamera, die das alles festhält. Wenig später wird der Steckschuss zum ersten Tor des Monats gekürt.

1974

Im WM-Finale feiert ein Naturschauspiel seine internationale Premiere: die Schwalbe. In der 26. Minute dringt Bernd Hölzenbein in den Strafraum ein. Flüchtige Begegnung mit Wim Jansen. Hölzenbein fällt. Der Schiedsrichter pfeift. Paul Breitner verwandelt zum 1:1. Deutschland wird Weltmeister. Später antwortet Hölzenbein auf die Frage »Foul oder Schwalbe?«: »Ich habe mich dann nicht mehr gegen die Schwerkraft gewehrt.«

1976

Das erste Länderspiel von Dieter Müller ist das furioseste Debüt aller Zeiten: Wenige Sekunden nach seiner Einwechslung in der 79. Minute macht er mit seinem ersten Ballkontakt den 2:2-Ausgleich. In der Verlängerung schießt er Deutschland mit zwei weiteren Treffern zum 4:2-Sieg – und das alles nicht bei irgendeinem Konfetti-Cup, sondern im EM-Halbfinale gegen Gastgeber Jugoslawien. Zur Belohnung darf Müller im Endspiel gegen die CSSR von Beginn an stürmen. Er trifft auch zum 1:2-Anschluss – und avanciert mit vier Treffern in eineinhalb Spielen zum Torschützenkönig des Turniers. Und weil Bernd Hölzenbein in der 90. Minute das 2:2 erzielt, kommt es an diesem 20. Juni in Belgrad zum ersten Elfmeterschießen bei einer EM. *(siehe Kapitel »Das letzte Mal«).*

Fußball wetten dass ...? 33. Sendung • 12. April 1986, Saarbrücken •

Otto Rehhagel wettet, dass Walter Beig und Karl Bergann alle »Tore des Monats« der vergangenen 11 Jahre erkennen. •

Einsatz: Die Jugend des kleinsten Fußballvereins Deutschlands einen Tag lang trainieren. • Ausgang: Ja.

1978

Das gab es in der WM-Geschichte noch nie: Österreichs Spielerfrauen fliegen in Kader-Stärke nach Argentinien und statten ihren Männern ganz offiziell einen Besuch ab. Gesponsert wird die Familienzusammenführung von der Sparkasse »Die Erste« als Belohnung für den Sprung in die zweite Runde. Blöd nur, dass das Team ausgerechnet am Abend des Wiedersehens 1:5 gegen die Niederlande untergeht. Trainer Helmut Senekowitsch erlaubt seinen Schäfchen zwar dennoch eine gemeinsame Nacht, gaukelt den Medien aber vor, dass die Damen nach einem gemeinsamen Abendessen das Mannschaftshotel verlassen hätten. Die Lüge fliegt auf, jetzt geht es erst richtig rund. Vor dem nächsten Spiel (0:1 gegen Italien) ordnet Senekowitsch an, dass die Frauen um Mitternacht fahren müssen. Das wollen sich nicht nur die Verheirateten unter den Spielern nicht gefallen lassen. Die Krise ist perfekt, Senekowitsch bekommt fast noch Prügel. Die Stimmung sinkt ins Bodenlose, zumal das Team bereits vorzeitig die Finalspiele verpasst hat. Lagerkoller hoch zwei. Auf das letzte Spiel – in Cordoba gegen Deutschland – hat keiner mehr Lust. Bis die *Bild*-Zeitung erscheint und in großen Lettern grüßt: »Ihr bekommt sechs Stück!«

1979

Schottlands Nationalteam trägt im Testspiel gegen Peru Trikots, auf denen die Namen der Akteure stehen. Der Grund des Experiments ist klar: Weil alle guten Schotten in der englischen Liga spielen, würden die Fans im Glasgower Hampden Park ihre Spieler ohne den Service nicht erkennen.

1981

Wo die Autos links fahren und eine Königin das Sagen hat, wird eine seltsame Regel installiert: Die englischen Erstligisten erhalten plötzlich pro Sieg drei Punkte. Experten und Funktionäre auf dem Kontinent schütteln den Kopf und geben der Idee eine Überlebenschance von einer Saison. 13 Jahre später zieht die FIFA nach, die WM in den USA wird mit der Drei-Punkte-Regel ausgespielt. Die Bundesliga stellt 1995 um.

1982

Schon zur WM 1970 wurde der Losentscheid offiziell abgeschafft und vom Elfmeterschießen abgelöst – auf dem Papier. Der erste Shoot-Out auf dem Gras lässt allerdings wegen des Gruppenmodus der Finalrunden 1974 und 1978 drei Turniere lang auf sich warten – und damit auch der erste WM-Elfmeterschießen-Versager. Diesen Titel sichert sich am 8. Juli im Halbfinale in Sevilla Uli Stielike souverän mit einem Schüsschen, das jedes WM-Maskottchen mit verbundenen Augen pariert hätte. Stielike ist sich der Tragweite seiner Tat voll und ganz bewusst. Er sinkt auf die Knie, drückt den Kopf zwischen selbige und bleibt so regungslos am Boden liegen. Wären danach die Franzosen Didier Six und Maxime Bossis nicht an Toni Schumacher gescheitert, der Mann mit dem Schüsschen würde noch heute auf dem Rasen von Sevilla vor sich hin stieliken.

1984

Ein geileres Erstes Mal gibt es nicht: Am 25. Februar macht Colin Harris im Dens Park gegen die Glasgow Rangers in seinem ersten Spiel für Dundee in der ersten Minute nach seiner Einwechslung mit seinem ersten Ballkontakt sein erstes Tor.

1991

Michael Malbranc aus Hamburg zeigt am vierten Spieltag der Saison 1991/92 die erste Gelb-Rote Karte der Bundesliga-Geschichte. Der Sünder ist ein würdiger Debütant: Stefan Effenberg.

1993

Anthony Carbone schießt am 13. März das erste Golden Goal der Fußball-Geschichte. Im Viertelfinale der U 20-Weltmeisterschaft in Brisbane (Australien) trifft er in der 100. Minute zum 2:1 für Australien gegen Uruguay und beendet damit auf Wunsch der ignoranten FIFA-Regel-Opis die Verlängerung.

2000

Der erste Nicht-Engländer wird Teammanager der englischen Nationalelf. Die *Daily Mail* heißt den Schweden Sven-Göran Eriksson herzlich willkommen: »Wir verkaufen unsere Grundrechte an ein Volk von sieben Millionen Skifahrern und Hammerwerfern, die ihr halbes Leben in totaler Dunkelheit verbringen.«
Zu diesem Zeitpunkt hat seit vier Jahren kein englischer Trainer mehr einen nationalen Titel gewonnen. Dies gelingt auch erst wieder 2004.

2005

Robert Hoyzer verpfeift am 21. August das DFB-Pokalspiel SC Paderborn – Hamburger SV (4:2). Der DFB zieht aus dem Skandal um seinen ersten (überführten und geständigen) bestechlichen Schiedsrichter sofort Konsequenzen: Die Internet-Zockerklitsche wwww.betandwin.de wird Titelsponsor des Ligacups.

2008

Premiere für Austria. Bei Weltmeisterschafts-Endrunden haben die Österreicher einmal den dritten und einmal den vierten Platz belegt. Insgesamt waren sie schon bei sieben Finalturnieren dabei, und wären Hitlers Soldaten nicht mitten in der Vorbereitung auf die WM 1938 einmarschiert, hätte der ÖFB sogar acht WM-Teilnahmen auf dem Konto. Aber auf die Qualifikation zu einer Europameisterschafts-Endrunde mussten die Fans bisher vergeblich warten, ein halbes Jahrhundert lang. 2008 nun endlich dürfen die Österreicher mitspielen. Als Gastgeber.

Zahlen, Zahlen, Zahlen

-6

Sechs Minuspunkte brummte die FIFA der Nationalmannschaft Kameruns für die Qualifikationsrunde zur WM 2006 auf. Grund für diese drakonische Strafe: Das Team war beim Afrika-Cup in Einteilern aufgelaufen. Die Fußballfans wussten nicht, ob sie lachen oder weinen sollten angesichts rassistischer Umtriebe von Nationaltrainern oder lebensgefährlicher Stadion-Krawalle, die der FIFA nicht einmal eine Geldstrafe wert waren – geschweige denn einen Punktabzug. Das Tragen von »nicht regelkonformer Spielkleidung« wollten die Fifaosi dagegen mit der De-facto-Disqualifikation ahnden. Aber nach weltweiten Protesten und einem Gnadengesuch kehrte doch noch Vernunft ein. Die FIFA nahm den Punktabzug zurück. Die Geldstrafe in Höhe von 120 000 Euro blieb allerdings bestehen. Einziger Gewinner dieser Farce: Sportartikelhersteller Puma. Der hatte die Kameruner Spieler in jene hautenge Reiz-Wäsche gesteckt, die die Affäre und nebenbei die preiswerteste Weltweit-Image-Kampagne auslöste.

-4

Mit vier Minuspunkten startete Dynamo Dresden in die Bundesliga-Saison 1993/94. »Dresden wird den Abstieg kaum vermeiden können«, lautete die Saisonprognose des *Kicker*. Und wie sie ihn vermeiden konnten: Mit 33:44 Toren und 30:34 Punkten wurden sie 13. Lustig dabei: Ohne Punktabzug, also mit 34:34 Punkten, hätten sie exakt denselben Platz belegt. Wegen Lizenz-Tricksereien starteten auch Eintracht Frankfurt (1999/2000, zwei Punkte) und der 1. FC Kaiserslautern (2003/2004, drei Punkte) mit Handicap. Beide schafften ebenfalls den Klassenverbleib.

0 Punkte, 0 Tore

Es gibt doch tatsächlich ein Land, gegen das die bundesdeutsche Nationalelf nach offizieller Statistik noch nie gewonnen, noch nie auch nur ein Tor erzielt, ja nicht einmal ein Unentschieden geschafft hat. Eine verheerende Länderspielbilanz, die sich aller Voraussicht nach auch nicht mehr wird aufpolieren lassen. Es sei denn, die Deutsche Demokratische Republik wird wiedergeboren. Die offizielle DFB-Statistik gegen die Bruder-Republik lautet:

Spiele	Siege	Unentschieden	Niederlagen	Torverhältnis
1	0	0	1	0:1

Hamburg, 22. Juni 1974: BRD – DDR 0:1 (0:0).

Doch das ist nur die halbe Wahrheit. Vor den Olympischen Spielen 1960 gab es zwei Ost-West-Geisterspiele, die in keiner offiziellen Chronik auftauchen, weil sie aus der Geschichte und dem Gedächtnis getilgt werden sollten. Der eiserne Vorhang war damals bereits installiert, doch bei Olympia trat noch eine gesamtdeutsche Delegation an. Die Fußball-Verbände konnten sich freilich nicht auf ein gemischtes Team einigen, also mussten zwei Entscheidungsspiele her. Im September 1959 trafen sich also die Nationalteams im Walter-Ulbricht-Stadion von Ost-Berlin. Die einzigen Augenzeugen des 2:0-Sieges der DFB-Auswahl waren eine Handvoll Funktionäre, ausgewählte Journalisten und eine Hundertschaft Volkspolizisten. Auch das Rückspiel fand unter Ausschluss der Öffentlichkeit statt. Selbst die Medienvertreter wussten bis kurz vor dem Anpfiff nicht, wo die Partie ausgetragen würde. Sie wurden zunächst nach Duisburg bestellt. Dort angekommen, mussten sie in einen Omnibus steigen, der sie ins Düsseldorfer Rheinstadion karrte. Die Spieler aus der »Sowjetischen Besatzungszone«, wie die DDR damals im Westen zu heißen hatte, traten in ihren blauen Trikots mit Hammer und Zirkel an. Das stand in der BRD unter Strafe, doch obwohl das Spiel live im Fernsehen übertragen wurde, drückten die Gesetzeshüter beide Augen zu. Die Wessis gewannen auch das zweite Spiel – 2:1. Nach Rom durften sie trotzdem nicht. Sie scheiterten in der Qualifikation an Polen.

0 Punkte und 0 Tore Differenz zum rettenden Tabellenplatz 15 …

> ES IST NICHTS SCHEISSER ALS PLATZ 2.
> ERIC MEIJER

… und trotzdem abgestiegen: Dieses Schicksal ereilte den 1. FC Nürnberg 1999. Der Club hatte nach dem dramatischen Finale der Saison 1998/99 37 Punkte* und eine Tordifferenz von minus 10. Dasselbe galt für Eintracht Frankfurt. Die Frankfurter hatten aber 44 Saisontore geschossen (davon 5 im letzten Spiel), Nürnberg nur 40. Deshalb stieg Nürnberg ab. (Nach dem 30. Spieltag hatten die Franken übrigens noch 7 Punkte Vorsprung vor der Eintracht gehabt, nach dem 32. Spieltag noch 5 Punkte …) Aber auch andere Vereine stiegen trotz Punktgleichheit mit dem geretteten Tabellennachbarn ab:

1 Tor fehlte	Kickers Offenbach 1971 gegenüber Oberhausen (beide 27 Punkte)
2 Tore fehlten	Hertha BSC Berlin 1980 gegenüber Bayer Uerdingen, 6 gegenüber dem MSV Duisburg (alle 29 Punkte)
ebenfalls 2 Tore	fehlten Arminia Bielefeld 1985 gegenüber Fortuna Düsseldorf (beide 29 Punkte**)
4 Tore fehlten	den Stuttgarter Kickers 1989 gegenüber Eintracht Frankfurt, 7 gegenüber dem VfL Bochum (alle 26 Punkte)
7 Tore fehlten	dem Karlsruher SC 1998 gegenüber Borussia Mönchengladbach (beide 38 Punkte*)
10 Tore fehlten	Fortuna Köln 1974 gegenüber dem Wuppertaler SV (beide 25 Punkte)
11 Tore fehlten	dem 1. FC Nürnberg 1994 gegenüber dem SC Freiburg (beide 28 Punkte***)

* *Drei-Punkte-Regel*

** *Bielefeld musste in die Relegation gegen den Zweitliga-Dritten 1. FC Saarbrücken und stieg ab.*

*** *Neuling Freiburg rettete sich mit 3 Siegen (davon 2 auswärts) an den letzten 3 Spieltagen, Altmeister Nürnberg schaffte nur einen Sieg. Die Franken sind mithin unangefochtener Deutscher Meister im Vergeigen des sicher scheinenden Klassenerhalts auf den letzten Metern.*

0,7 bar

Dass der Ball 396 bis 453 Gramm wiegen, 68 bis 71 Zentimeter Umfang und 0,6 bis 0,7 Atmosphären Druck haben soll, ist in Regel 2 festgehalten. Leider wird aber nirgends verboten, das Spielgerät, das längst aus Kunststoff besteht, als »das Leder« zu bezeichnen. Wer auch immer diesen ebenso unsäglichen wie unausrottbaren Begriff eingeführt hat, eingesperrt gehört er bei Tausend Kopfbällen täglich mit »dem Kokosnuss«.
Maximum Respekt dagegen für jenen Journalisten, der erstmals »das Plastik« sagt oder schreibt. Gerne auch die oder der Plastik.

1/4 statt 1/3

Jean-Marc Bosman war noch nicht geboren, als Nationalspieler Horst Szymaniak alle ungeschriebenen und geschriebenen Gesetze für Vertragsverhandlungen und Fußball-Arithmetik auf den Kopf stellte. Der Wuppertaler SV hatte ihm angeboten, sein Gehalt um ein Drittel zu erhöhen. Da zählte der Vater aller harten Verhandlungsführer kurzerhand eins und eins zusammen und forderte knallhart: »Ich will mindestens ein Viertel mehr!« Peng. Die Stunde der Spielerberater hatte geschlagen.

WM-Torschütze mit der Rückennummer 1

Dass ein Spieler mit der Rückennummer 1 bei einer Weltmeisterschaft ein Tor erzielt, kommt so oft nicht vor. Beim zwölften

Turnier, 1982 in Spanien, gelang dem Argentinier Osvaldo Ardiles erstmals dieses Kunststück. Er traf beim 4:1-Vorrundensieg gegen die Ungarn. Was ihm die Sache etwas erleichterte: Wie schon 1978 hatten die Argentinier ihren Kader nach dem Alphabet durchnummeriert. So kam es, dass Ardiles mit der Nummer eins durch das Mittelfeld der Gauchos und die Strafräume der Gegner flitzen konnte. Einzige Extrawurst im argentinischen Team war Diego Armando Maradona: Der Zwölfte des Alphabets bestand darauf, das Trikot mit der Zehn zu tragen.

Andere Nummer Einsen, die bei Weltmeisterschaften im Feld herumkickten beziehungsweise -spukten, waren der Kolumbianer Rene Higuita, der Paraguayer José Luis Chilavert und der Mexikaner Jorge Campos, allesamt Torhüter mit Offensivdrang. Aber das ist eine andere Geschichte.

1 Arm, 1 Auge, 2 Nationalspieler

Robert Schlienz konnte im Zweikampf immer nur den rechten Ellenbogen ausfahren. Den linken Arm hatte er bei einem Autounfall verloren. Dennoch setzte sich der Mann vom VfB Stuttgart durch. Zwei Monate nach der Amputation, im Oktober 1948, lief er zum Oberliga-Spiel gegen 1860 München wieder ins Neckarstadion ein.

Und 1955 absolvierte er sein erstes von drei Länderspielen. »Was ein Schlienz heute wert wäre, ein junger, unbeschädigter?«, fragt sich der VfB Stuttgart auf seiner Internet-Seite und gibt folgende Antwort: »Sicher ist, dass er eine

Nummer größer als Klinsmann wäre.« In der ersten Oberliga-Saison 1945 vor seinem Unfall hatte Schlienz in 30 Spielen 46 Tore erzielt. Ein Rekord für die Ewigkeit. 1950 und 1952 wurde er mit dem VfB Deutscher Meister, 1954 und 1958 gewann er den DFB-Pokal.

Auch in den 80er-Jahren gab es einen behinderten Nationalspieler. Wilfried Hannes war seit seiner Kindheit wegen eines Tumors auf einem Auge blind. Obwohl ihm damit das räumliche Sehen fehlte, zeigte er als Libero bei Borussia Mönchengladbach mehr Übersicht als viele, viele Zweiäugige. Er wurde zweimal Deutscher Meister, einmal UEFA-Cup-Sieger, absolvierte acht Länderspiele und stand im Kader für die WM 1982 (ohne Einsatz).

Zum 21-maligen Nationalspieler brachte es der Engländer Cliff Bastin, obwohl er noch schwerer gehandicapt war: Er war von Geburt an taub. Das hinderte ihn nicht daran, zwischen 1930 und 1938 mit Arsenal London fünfmal Meister und zweimal Cup-Sieger zu werden. In der ewigen Torjägerliste der Gunners ist er mit 178 Treffern in 395 Spielen bis heute Dritter hinter Ian Wright und Thierry Henry.

ZU VIELE SPIELER MIT VIERECKIGEN FÜSSEN. DIEGO ARMANDO MARADONA 1998 ÜBER DIE EUROPÄER

Und dann wäre da noch der zweifache Weltmeister mit einer Behinderung: Garrincha, der brasilianische WM-Star von 1958 und 1962, kam mit einem verkrüppelten Bein auf die Welt. Die Ärzte bezweifelten, dass der kleine Bub mit seinem X-Bein und dem sechs Zentimeter kürzeren O-Bein laufen lernen würde. Und wie Manoel Francisco dos Santos laufen konnte! Der Dribbelkönig wurde 1958 Weltmeister und 1962 WM-Torschützenkönig.

Nationaltrainer für exakt 1 Spiel

Kommerzialrat Hans Kaulich war ein netter Mann und langjähriger Weggefährte des österreichischen Verbandspräsidenten Josef Gerö. Nur mit dem Fußball hatte der ehemalige Schiedsrichter-Obmann seit zehn Jahren nichts mehr zu tun gehabt, als er 1955 zum Teamchef ernannt wurde. Bei der ersten Begegnung begrüßte er den nicht gerade unwichtigen Spieler Kurt Schmied mit den Worten: »Grüß Gott, Herr Zeman.« Die restlichen Spieler merkten schnell, dass Kaulich keinen einzigen von ihnen kannte. Sie stellten sich mit falschen Namen vor. Bei der Aufstellung für sein erstes Spiel richtete sich der ehrenamtlich tätige Kaulich nach den Kritiken der Presse. Die Partie in der Tschechoslowakei ging am 27. März mit 2:3 verloren. Schmäh und Kritik wurden dadurch nicht weniger. Kaulichs erste richtige Entscheidung war dann auch seine letzte: Er trat zurück.

1:101

So lautete die Wettquote vor Beginn der Europameisterschaft 2004 für Griechenland bei www.betandwin.com. Wer also 100 Euro auf Rehhagels Team gesetzt hatte – und das waren nicht wenige hellenische Patrioten – bekam nach dem Finale 10 100 ausbezahlt. Der staatliche Wettanbieter Oddset war vorsichtiger, musste für 100 Euro Einsatz nur schlappe 4 250 ausschütten.

Fußball wetten dass ...? 42. Sendung • 28. November 1987, Saarbrücken •

Wetten, dass Sandra Kubitzky in 2 Minuten mehr Fallrückzieher ins Tor schießen kann als Klaus Fischer? •

Ruth-Maria Kubitschek tippt: Ja. • Einsatz: Im Allgäu unter Aufsicht eines prominenten Gartenexperten einen Berg bepflanzen. • Ausgang: Nein.

2 Eigentore in 2 aufeinanderfolgenden Bundesliga-Spielen:

Dieses Kunststück mit Seltenheitswert haben bislang nur zwei Recken vollbracht. Im März 1991 köpfelte Vlado Kasalo vom 1. FC Nürnberg zweimal in Folge ins eigene Tor. Der hoch verschuldete Casino-Stammgast geriet unter Verdacht, zur Tilgung seiner Außenstände Wetten auf seine eigenen Spiele abgegeben zu haben. Nachgewiesen wurde ihm das nie, für die fristlose Kündigung reichte es dennoch.

Der andere Selbsttorjäger war – natürlich – jener Mann, der den deutschen Wortschatz später um den Fachbegriff »Rumpelfüßler« bereichert hat: Franz Beckenbauer. Nachdem er zweimal elegant per Fallrückzieher ei(ge)ngenetzt hatte, meldete sich Bayern-Torwart Sepp Maier in der Mannschaftsbesprechung vor dem nächsten Bundesliga-Spiel zu Wort und fragte den Trainer: »Und wer deckt heute den Franz?«

Als im Jahre 2000 ein Bayern-Nationalspieler in die kaiserlichen Fußstapfen trat, musste Trainer Otmar Hitzfeld keinen Sonderbewacher abstellen. Er konnte Jens Jeremies nach dessen zwei Fehlschüssen innerhalb von drei Wochen schlicht aus dem Team rotieren. Jeremies hatte sich für seine Stolpereien – Timing ist alles – das Münchner Derby gegen 1860 (er machte das 1:2) und das Champions League-Halbfinale gegen Real Madrid (0:2) ausgesucht.

2 Links, 2 Rechts

Nia Künzer, das Golden Girl, das am 12. Oktober 2003 mit ihrem Kopfball in der Verlängerung die deutschen Frauen zu Weltmeisterinnen machte, kann getrost auch als Pechmarie der Republik bezeichnet werden. Vier Kreuzbandrisse hat sie im Laufe ihrer Karriere bereits erlitten – und überstanden. »Wenigstens schön verteilt, jeweils zwei in einem Knie«, kommentierte die Torschützin des Jahres 2003 ihren vierten Rückschlag. Sie kam auch diesmal zurück. Ihre Leidensfähigkeit hat sie in der Kindheit erworben. Die Eltern der Pädagogik-Studentin sind Entwicklungshelfer, Künzer wurde in Botswana geboren und wuchs mit acht Pflegegeschwistern in einem Kinderdorf auf.

Grillhähnchen im 2-5-3-System

Der wichtigste Unterschied zwischen Fußball und Tischfußball? Beim Tischfußball sind Rudelbildungen eher selten. Dazu sind

die Spieler dann doch zu unbeweglich – oder soll man sagen, diszipliniert? Halb Zinnsoldat, halb Grillhähnchen, sind alle Spieler auf Brusthöhe aufgespießt und hängen an einer Stange, mit der sie sich übers Feld hetzen lassen und einen Salto nach dem anderen schlagen, ohne jemals die Körperstreckung zu verlieren. Stets treten sie im traditionellen 2-5-3-System an, die eine Mannschaft von den Stollen bis zur Mütze rot, die andere blau. Die Bayern kickern, die Norddeutschen krökeln, die Österreicher wuzzeln und die Schweizer spielen Töggeli. Wenn die letzte Kugel kernig krachend zum alles entscheidenden 6:5 im Kasten einschlägt, dann ballen die elf Erfolgstypen von der Stange kurz ihre Fäuste, über ihr Gesicht huscht ein Siegerlächeln. Der Automat schluckt den Ball mit einem dumpfen Rumpeln. Oder hat der gegnerische Torwart frustriert auf den Boden gestampft?

2,55 Promille beim Torjubel

Das Amtsgericht Koblenz stellte 1998 fest: »Schaut sich ein Fußballfan auf seinem Balkon ein Spiel im Fernsehen an und stürzt beim Torjubel ab, so kann er keine Leistungen aus seiner privaten Unfallversicherung fordern, wenn er 2,55 Promille Alkohol im Blut hatte.« (Aktenzeichen 15 C 3047/98)

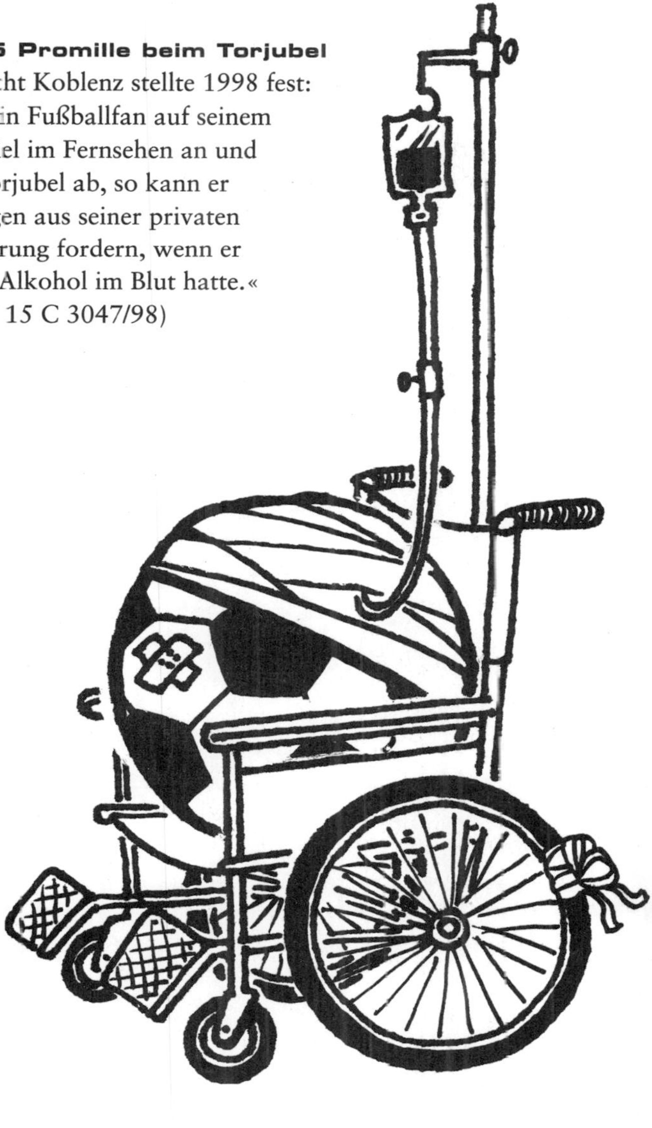

5 Treffer:

- Günter Netzer
- Rudi Völler
- Günter Hermann
- Matthias Becker
- Rolf Fringer
- Reinhard Saftig
- Frank Pagelsdorf
- Frank Rost

4 Treffer:

- Toni Allemann
- Jürgen Grabowski
- Franz Beckenbauer
- Roland Dickgießer
- Mike Krüger
- Günter Siebert
- Andreas Möller
- Uwe Rahn
- Hannes Bongartz
- Stefan Kunz
- Uwe Bein
- Flemming Povlsen
- Guido Baumann
- Maurizio Gaudino
- Martin Wagner
- Fredi Bobic
- Karl-Heinz Körbel
- Olaf Thon
- Alexander Zickler
- Hans-Jürgen Moosbauer

3 Treffer:

- Anke Huber (Tennis)
- Michael Bartels (Rennsport)
- Donovan Bailey (Leichtathletik)
- Daniel Stephan (Handball)
- Stefan Kretzschmar (Handball)
- Darius Michalszewski (Boxen)

u.v.m.

Unter ferner schossen:

- Pelé
- Eusebio
- Marco van Basten

u.v.v.m.

3 unten, 3 oben …

… hat Gott sei Dank noch keiner getroffen. Denn die Macher des ZDF-Sportstudios haben angedroht, ihre Sperrholzwand auf den Sperrmüll der Fernsehgeschichte zu werfen, sobald ein Schütze oder eine Schützin alle sechs Bälle versenkt. Die Löcher haben einen Durchmesser von 55 Zentimetern, geschossen wird aus sieben Metern Entfernung.
Die offizielle Torwandschützenliste finden Sie gegenüber.
(Ein einziges Mal strahlte das ZDF einen Sechser ohne Fehlschuss aus. Allerdings benötigte HSV-Präsident Dr. Peter Krohn dafür unzählige Versuche und die Hilfe vom Schneidetisch.)

BASTELANLEITUNG:

Sie wollen ihre langweiligen Arbeitstage beleben oder streben eine Karriere als Torwandschützen-Profi an? Kein Problem mit der patentierten Taschentorwand zum Selberbasteln für Schreibtisch, Tresen oder Ehebett. Einfach nebenstehende Vorlage kopieren und auf einen Karton kleben. Einschusslöcher ausschneiden. Die fertige Zielpappe an einen Stiftehalter, Bierkrug oder Frauenarm lehnen – fertig ist Ihr neues Lieblingsspielzeug. Fehlt nur noch ein Ball – entweder aus zerknülltem Papier zum Mit-dem-Finger-Schnippen-und-Versenken oder eine Tippkick-Kugel mit passendem Männchen. Viel Spaß!

Trio Grande

Kein Land, keine Stadt, kein Verein, das/die/der sich nicht voller Wehmut an seine »großen Drei« erinnert. Sie heißen »Die drei Musketiere«, »Magisches Dreieck« oder »Supertrio«, und eines haben sie alle gemeinsam: Sie schießen viele Tore. Den bizarrsten aller flotten Dreier präsentierte Fritz Walter junior 1988 in Stuttgart: »Der Klinsmann und ich, wir sind ein gutes Trio«.
Hier die drei explosivsten Triaden:

1. Gre-No-Li

Die Schweden Gunnar Gren, Gunnar Nordahl und Nils Liedholm machten erstmals auf sich aufmerksam, indem sie das Drei-Kronen-Team 1948 zum Olympiasieg führten. Ein Jahr später wechselten sie im Dreierpack zum AC Mailand, wo sie vier Jahre lang unter der Abkürzung Gre-No-Li Angst und Schrecken verbreiteten und 1951 italienischer Meister wurden. Nordahl ist mit 210 Treffern bis heute Milans Rekordtorjäger, Liedholm blieb 13 Jahre, holte vier Scudetti und kehrte als Trainer dreimal zurück, wobei er zweimal Meister, einmal Pokalsieger und 1963 Europacup-Champion der Pokalsieger wurde. Bei der Wahl zu Schwedens Fußballer des Jahrhunderts belegten Gre-No-Li die Plätze eins bis drei. Gren und Liedholm standen 1958 in jenem Team, das im eigenen Lande Vizeweltmeister wurde. Der offizielle Turnier-Ball der Firma Sydsvenska trug damals den Namen »Model Gunnar Gren«.

2. *Die Achse der Genialen*

Egal, ob in orangener oder rot-schwarzer Uniform – Frank Rijkaard, Ruud Gullit und Marco van Basten waren bei allen Gegnern gefürchtet. Den Anhängern der niederländischen Nationalelf und des AC Mailand bereiteten sie mit ihrem offensiven Fußball dagegen ebenso viel Freude wie den neutralen Freunden der höheren Spielkünste. Mit Rijkaard als Innenverteidiger, Gullit als Spielmacher und van Basten als Mittelstürmer eroberten sie 1988 in München gemeinsam den Europameistertitel, 1989 und 1990 holten sie den Europacup der Landesmeister.

3. *Das magische Dreieck*

Alle Abwehrreihen der Bundesliga zitterten in der Saison 1996/97 vor Fredi Bobic, Giovane Elber und Krassimir Balakov. Dieses magische Dreieck produzierte alleine 49 Treffer, das waren mehr, als neun andere Bundesliga-Teams bei Saisonende insgesamt auf ihrem Konto hatten. Bobic (19 Tore), Elber (17) und Balakov (13) glänzten nicht nur als Knipser, sondern auch als Vorbereiter. Besonders magisch: Das Zuschauen machte Spaß. Und erfolgreich war das Dreieck auch. Im Pokalfinale 1997 gegen Energie Cottbus traf Elber zweimal zum 2:0-Sieg, Balakov war der beste Mann auf dem Platz. Unmittelbar nach diesem Triumph zerfiel das magische Dreieck: Elber wechselte zum FC Bayern München.

»3 Tore hintereinander von 1 Spieler innerhalb 1 Halbzeit in ununterbrochener Reihenfolge« (Zitat dtv-Lexikon)

H.H. Stephenson läuft an. Seine weit aufgerissenen Augen fixieren den Gegenspieler. Sein rechter Arm ist hoch nach hinten gestreckt. Die Hand schnellt nach vorne und katapultiert den Ball Richtung Wicket. Zu schnell für die Augen der Zuschauer. Zu schnell für den Schlagmann. Krachend schlägt das Geschoss ein. Wicket! Stephenson und seine Teamkollegen der *All-England eleven* jubeln. Nächster Schlagmann, nächster Versuch. Anlauf, Wurf, Volltreffer, Jubel. Der dritte Schlagmann aus Hallam geht in Position. Dritter Anlauf. Zisch, Krach, drittes Wicket im dritten Versuch. Das hat es noch nie gegeben. Weder hier auf dem Hyde Park Ground von Sheffield noch anderswo in der Welt des Kricket.

Wie nach außerordentlichen Leistungen eines Profis üblich, wird Geld gesammelt für den Spieler. Vom Erlös wird ihm ein Hut gekauft, der ihm feierlich überreicht wird. Der erste Hut-Trick (englisch: hattrick) war perfekt. 20 Jahre später, 1878, taucht der Begriff »Hattrick« in der Zeitschrift *The Sportsman* erstmals schwarz auf weiß auf. Spätestens jetzt steht H.H. Stephenson als Urgroßvater aller Hattricks in allen Sportarten fest.

Allerdings sind sich Stephensons Nachfahren nicht einig, wer den Titel Hattrick tragen darf und wer nicht. Am strengsten sind die Deutschen: Hier müssen alle drei Tore in einer Halbzeit fallen – und direkt hintereinander, es darf also kein anderer Spieler dazwischenfunken, weder von der eigenen noch der gegnerischen Mannschaft. In vielen anderen Ländern genügen dagegen drei Tore in einem Spiel, egal wann, wie und warum. So hält es auch die FIFA, die in ihrer offiziellen WM-Statistik 44 Hattricks aufweist.

Hier sind sie – fein säuberlich in drei Schubladen gepresst:

WM-Mega-Hattricks:

Edmund Conen	Deutschland – Belgien 5:2	27.5.1934	3
(zwischen der 66. und 87. Minute – von 2:2 auf 5:2)			
Erich Probst	Österreich – Tschechoslowakei 5:0	19.6.1954	3
(zwischen der 4. und 24. Minute – von 1:0 auf 4:0)			
Pelé	Brasilien – Frankreich 5:2 *(Halbfinale)*	24.6.1958	3
(zwischen der 53. und 75. Minute – von 2:1 auf 5:1)			
Gerd Müller	Deutschland – Peru 3:1	10.6.1970	3
(zwischen der 19. und 39. Minute – von 0:0 auf 3:0)			
Gary Lineker	England – Polen 3:0	11.6.1986	3
(zwischen der 9. und 34. Minute – von 0:0 auf 3:0)			
Oleg Salenko	Russland – Kamerun 6:1	28.6.1994	5
(zwischen der 15. und 44. Minute – von 0:0 auf 3:0, und in Hälfte zwei noch zwei Extraportionen)			
Gabriel Batistuta	Argentinien – Jamaika 5:0	21.6.1998	3
(zwischen der 72. und 83. Minute – von 2:0 auf 5:0)			

WM-Auch-nicht-schlecht-Hattricks:

(mit der Halbzeitpause oder anderen Torschützen dazwischen)

Ernest Wilimowski	Polen – Brasilien 5:6 n.V. *(Achtelfinale)*	5.6.1938	4
(alle Tore in der zweiten Hälfte, aber Leonidas funkte dazwischen, s.u.)			
Leonidas *)	Brasilien – Polen 6:5 n.V. *(Achtelfinale)*	5.6.1938	4
(drei davon in der zweiten Halbzeit, aber Wilimowski funkte dazwischen, s.o.)			
Gustav Wetterström	Schweden – Kuba 8:0	12.6.1938	3
(hintereinander, aber dazwischen Pause)			
Sandor Kocsis	Ungarn – Südkorea 9:0	17.6.1954	3
(hintereinander, aber Pause dazwischen)			
Sargun Burhan	Türkei – Südkorea 7:0	20.6.1954	3
(hintereinander, dazwischen aber Pause)			

Eusebio	Portugal – Nordkorea 5:3 *(Viertelfinale)*	23.7.1966	4
(von 0:3 auf 4:3 (!), aber Pause dazwischen)			
Rob Rensenbrink	Niederlande – Iran 3:0	3.6.1978	3
(von 0:0 auf 3:0, aber dazwischen Pause)			
Laszlo Kiss	Ungarn – El Salvador 10:1	15.6.1982	3
(innerhalb von sieben Minuten, aber dazwischen traf noch ein Landsmann)			
Karl-Heinz Rummenigge	Deutschland – Chile 4:1	20.6.1982	3
(von 0:0 auf 3:0, aber Pause dazwischen)			
Zbigniew Boniek	Polen – Belgien 3:0	28.6.1982	3
(von 0:0 auf 3:0, aber Pause dazwischen)			
Emilio Butragueno	Spanien – Dänemark 5:1	18.6.1986	4
(drei Tore in einer Halbzeit, ein Landsmann durfte dazwischen ran)			
Pauleta	Portugal – Polen 4:0	10.6.2002	3
(von 0:0 auf 3:0, aber Pause dazwischen)			

WM-Möchtegern-Hattricks:

*(mit der Halbzeitpause **und** anderen Torschützen dazwischen)*

Guillermo Stabile	Argentinien – Mexiko 6:3	19.7.1930	3
(erster WM-Hattrick aller Zeiten)			
Pedro Cea	Uruguay – Jugoslawien 6:1 *(Halbfinale)*	27.7.1930	3
Angelo Schiavio	Italien – USA 7:1	27.5.1934	3
Harry Andersson	Schweden – Kuba 8:0	12.6.1938	3
Gyula Zsengeller	Ungarn – Schweden 5:1	16.6.1938	3
Oscar Miguez	Uruguay – Bolivien 8:0	2.7.1950	3
Ademir	Brasilien – Schweden 7:1	9.7.1950	4
Carlos Borges	Uruguay – Schottland 7:0	19.6.1954	3
Sandor Kocsis	Ungarn – Deutschland 8:3	20.6.1954	4
(sein zweiter Hattrick in vier Tagen)			
Max Morlock	Deutschland – Türkei 7:2	23.6.1954	3

Theodor Wagner	Österreich – Schweiz 7:5 *(Viertelfinale)*	26.6.1954	3
Josef Hügi *)	Schweiz – Österreich 5:7 *(Viertelfinale)*	26.6.1954	3
Just Fontaine	Frankreich – Paraguay 7:3	8.6.1958	3
Just Fontaine	Frankreich – Deutschland 6:3 *(Spiel um Platz 3)*		
(sein zweiter Hattrick in 20 Tagen)		28.6.1958	4
Florian Albert			
Ungarn – Bulgarien 6:1		3.6.1962	3
Geoff Hurst	England – Deutschland 4:2 n.V. *(Endspiel)*		
(brauchte auch noch die Verlängerung)		30.7.1966	3
Gerd Müller	Deutschland – Bulgarien 5:2	7.6.1970	3
Dusan Bajevic	Jugoslawien – Zaire 9:0	18.6.1974	3
Andrzej Szarmach	Polen – Haiti 7:0	19.6.1974	3
Teofilo Cubillas	Peru – Iran 4:1	11.6.1978	3
Paolo Rossi	Italien – Brasilien 3:2	5.7.1982	3
Preben Elkjaer-Larsen	Dänemark – Uruguay 6:1	8.6.1986	3
Igor Belanow	Sowjetunion – Belgien 3:4 n.V. *(Achtelfinale)*		
(Verlängerung benötigt)		15.6.1986	3
Michel	Spanien – Südkorea 3:1	17.6.1990	3
Tomas Skuhravy	Tschechoslowakei – Costa Rica 4:1 *(Achtelfinale)*		
		23.6.1990	3
Gabriel Batistuta	Argentinien – Griechenland 4:0	21.6.1994	3
Miroslav Klose	Deutschland – Saudi-Arabien 8:0	71.6.2002	3

**) Leonidas 1938 und Hügi 1954 fehlen in der FIFA-Liste*

sind 1 zu viel

Bis tief in die 60er-Jahre hinein war das Trainerdasein an der Seitenlinie noch einfach. Es gab noch keine Coachingzone, keine Fernsehkameras, keine Richtmikrofone – und vor allem keine Auswechslungen. Denn dieses neumodische Teufelszeug ist ein ständiger Quell der Pannen und Peinlichkeiten.

Eine kleine Chronik der desaströsesten Wechselfehler und Aufstellungsfehler mit folgenden Angaben:
Datum
Delinquent
Delikt
Spiel *(»schuldige« Mannschaft = kursiv)*
Wertung des Spiels
Nachwirkungen

29.1. 1977
Hennes Weisweiler
3 statt 2 Ausländer
Eintracht Frankfurt – *1. FC Köln* 4:0
Wertung überflüssig; Köln hatte ohnehin verloren.
Was Altmeister Hennes vorexerzierte, entwickelte sich schnell zum Volkssport.

30.9.1992
Christoph Daum
4 statt 3 Nicht-EU-Bürger
Leeds United – *VfB Stuttgart* 4:1 (Champions League)
Wertung: 3:0
Daum verlor das nötig gewordene Entscheidungsspiel und seinen Job.

22.5.1993

Horst Heese

4 statt 3 Ausländer

Bayer Uerdingen – *Eintracht Frankfurt* 2:5

Wertung: 2:0

Uerdingen stieg trotzdem ab, Frankfurt erreichte trotzdem den UEFA-Cup.

25.2.1995

Günter Sebert

4 statt 3 Nicht-EU-Bürger

1. FC Nürnberg – SV Meppen 2:0

Wertung: 0:2

Was für ein tolles Debüt des neuen Trainers!

IHR 5 SPIELT JETZT 4 GEGEN 3. FRITZ LANGNER

15.4.1995

Giovanni Trapattoni

4 statt 3 Amateure

Eintracht Frankfurt – *Bayern München* 2:5

Wertung: 2:0

Trap beendete die Saison auf dem grandiosen sechsten Platz und machte den Karriere-Sprung nach Cagliari

11.11.1995

Winfried Schäfer

4 statt 3 Nicht-EU-Bürger

Karlsruher SC – Bayer Leverkusen 1:4

Ging als Faschingsscherz durch, weil der KSC ohnehin verlor.

18.5.1996

Klaus Augenthaler

4 Einwechslungen, 3 sind nur erlaubt

Bayern München – Fortuna Düsseldorf 2:2

Düsseldorf verzichtete auf einen Protest.

Augenthaler nach seinem verpatzten Einstand als Vertreter des kranken Franz Beckenbauer: »Soll ich jetzt in Einzelhaft gehen?«

26.9.1998

Otto Rehhagel

4 statt 3 Nicht-EU-Bürger

1. FC Kaiserslautern – VfL Bochum 2:3

Spiel ging sowieso verloren

Das Allerpeinlichste: Rehhagel hätte statt Ojigwe nur Ballack bringen müssen, der ebenfalls auf der Bank saß.

31.8.2003

Stefan Kuntz

4 statt 3 Nicht-EU-Bürger

SF Siegen – *LR Ahlen* 1:2 n.V. (DFB-Pokal)

Wertung: 2:0

Kuntz wurde drei Monate später, nun ja: ausgewechselt.

DIE GEGNER SPIELEN MIT 5 MANN UND WIR MIT 11. AXEL KRUSE AUF DIE FRAGE, WIE HERTHA WIEDER EINMAL GEWINNEN KÖNNTE.

22.8.2004

Erik Gerets

Hristov spielte trotz Rotsperre

1. FC Köln Amat. – *VfL Wolfsburg* 0:3 (DFB-Pokal)

Wertung: 2:0

Manager Peter Pander nahm seinen Hut.

Von der 4. Klasse in die 1. Liga

An einem schulfreien Nachmittag im März 1898 saßen drei Viertklässler des Realgymnasiums auf der kleinen Schanze zu Bern zusammen und gründeten unter freiem Himmel einen Fußballklub. Kurz zuvor hatten die Old Boys aus Basel ein Gastspiel beim FC Bern ausgetragen, welches die Klassenkameraden Max Schwab, Hermann Bauer und Franz Kehrli stark beeindruckte. Sie gaben ihrem Verein den Namen Young Boys Bern.

4-blättriges Kleeblatt

Dass Kleeblatt gilt grenzüberschreitend als Glücksbringer, es sprießt aus Vereinswappen in Deutschland,

Schottland und Zypern. Während Celtic Glasgow und Rot-Weiß-Oberhausen auf ein vierblättriges Exemplar vertrauen, bescheiden sich die SpVgg Greuther Fürth und Omonia Nikosia mit der dreiblättrigen Variante.

Marienkäfer, Hufeisen und Schornsteinfeger sind dagegen seltener. Die Käfer werden wohl als zu verletzlich angesehen. Das Hufeisen ist im Spielerslang ein Synonym für Grobmotoriker, Eisenfüße und alle anderen Nicht-Techniker mit wenig Gefühl im Bein. Und der Kaminkehrer erinnert womöglich zu sehr an die schwarzen Männer mit der Pfeife.

Aussagen von der und über die beste Nummer 5 aller Zeiten, Ihro Majestät Kaiser Firlefranz Beckenbauer

»Wer ist Franzl? Wer ist Beckenbauer? Muss ich aufsteigen in Bundesliga, kann ich nicht pflegen kleine Kinder.«
Bayern-Trainer Tschik Cajkowski 1964 zu Vereinspräsident Wilhelm Neudecker auf dessen Empfehlung, das Talent B. in den Profi-Kader aufzunehmen

»Ich bin ein Lieblingskind des Schicksals.«
Franz B.

»Beckenbauer war der absolute Chef im Neckarstadion. Er zeigte alles, was er kann. Kunststücke am Ball, Traumpässe – und scheute auch nicht den Kampf Mann gegen Mann. Franz Beckenbauer war nicht nur der großartige Organisator der Abwehr, er war auch immer wieder Schaltstation im Mittelfeld, inszenierte Angriff auf Angriff. Als Abwehrspieler war Beckenbauer der große Kämpfer, als Angreifer der große Ball-Zauberer.«
Münchner Merkur 1973 nach dem Länderspiel Deutschland – Spanien

»Beckenbauer als Mittelfeldspieler war immer mein großer Wunsch. Aber ich habe längst eingesehen, dass dieser Traum unerfüllt bleibt, denn der Franzl hat wirklich nicht das Zeug dazu, so zu kämpfen, wie es auf diesem Posten erforderlich ist.«
Bundestrainer Helmut Schön in den Siebzigern

»Jetzt gibt es nur eine Möglichkeit: Sieg, Unentschieden oder Niederlage.«
Franz B.

»Ja gut, am Ergebnis wird sich nicht mehr viel ändern, es sei denn, es schießt einer ein Tor.«
Franz B.

»Irgend etwas muss den Menschen nicht passen an diesem Beckenbauer. Denn sie pfeifen ihn aus, oft und überall und scheinbar ohne jeglichen Grund. Er spielt zauberhaften Fußball, er schaut aus wie ein hübscher Kerl, in der Arena benimmt er sich gesittet, er spielt fair wie kaum ein anderer. Und trotzdem pfeifen die Leute. Sie pfeifen schon, wenn sein Name genannt wird.«
Ulfert Schröder 1974 im *Kicker*-Buch »Franz Beckenbauer«.

»Schleicht's Euch, Ihr Frankfurter Arschlöcher.«
Franz B. 1974 beim Training der Nationalmannschaft zu Zaungästen, die ihn wegen eines Fehlschusses verulkten

IN JEDEM KADER GIBT ES MINDESTENS 5 BLÖDE SPIELER. VON DENEN WÜRDE MINDESTENS 1 UNTER DER BRÜCKE LANDEN, WENN ER NICHT FUSSBALL SPIELEN WÜRDE.

HANS MEYER

»Wir sind Weltmeister, schrieben die Zeitungen. Noch nie hatten sie so gelogen. Beckenbauer war Weltmeister, er und zehn andere, die er dazu gemacht hatte.«
Ulfert Schröder im genannten Buch über den WM-Sieg 1974.

»Auf Jahre hinaus wird unsere Nationalmannschaft unschlagbar sein.«
Bundes-Teamchef Franz B. nach dem WM-Sieg 1990.

»Franz ist der einzige Mensch auf der Welt, der, wenn er aus dem Fenster springt, nach oben fliegen würde.«
Andy Roxbrough, Teammanager Schottland

»Was ist schon so eine Scheiß-Meisterschaft? Wir legen überhaupt keinen Wert auf Titel.«
Bayern-Präsident Franz B.

Fußball wetten dass …? 23. Sendung • 1. September 1984, Ravensburg •

Georg Leber wettet, dass Peter Voß 50 prominente Fußballspieler von hinten am Laufen erkennen kann. •
Einsatz: Den Watzmann besteigen und Müll sammeln. • Ausgang: Nein.

»Wenn der Kaiser spricht, legen sogar die Engel ihre Harfen beiseite.«
Trainer Max Merkel

»Die Löwen werden das Münchner Derby frühestens in 100 Jahren gewinnen.«
Franz B. wenige Tage vor dem 0:1 des FCB

»Wenn Franz erklärt, dass der Ball eckig ist, dann glauben ihm das alle.«
Otto Rehhagel, Trainerkollege, frei von Neid

»Im Grunde ist es völlig wurscht, mit welcher Taktik Berti Vogts spielen lässt. Das deutsche Team ist stark genug.«
Franz B. vor der WM 1994, bei der Deutschland im Achtelfinale ausschied

»Er hat eine Rundheit wie der Ball.«
Philosoph Günter Gebauer

»Wenn eine Abhängigkeit da ist, dann ist die Suchtgefahr da. Und jeder Suchtkranke, das sagt ja schon der Name, ist krank, wie ein Alkoholabhängiger, ein Alkoholkranker. Das ist eine Krankheit.«
Franz B. analysiert Christoph Daums Kokain-Affäre – am so genannten Warsteiner Stammtisch des Deutschen Sportfernsehens.

»Ich habe meinen Vater im Fernsehen weggeschaltet, weil ich ihn nicht mehr hören konnte.«
Stefan Beckenbauer

»Die Schweden sind keine Holländer – das hat man ganz genau gesehen.«
Co-Kommentator Franz B.

»Beckenbauer ist der Einzige, der für die PDS in Bayern ein Direktmandat holen würde.«
Kabarettist Ottfried Fischer

»So groß ist das Verbrechen auch nicht. Der liebe Gott freut sich über jedes Kind.«
Franz B. über seinen weihnachtlichen Seitensprung mit einer Sekretärin des FC Bayern

»Der Beckenbauer sagt zu seinem Schwanzl beim Vorspiel Kaiser, später Franzl.«
Otto Waalkes

»Eigentlich dürfte man dieses Stadion nur mit Frack und Zylinder betreten.«
Franz B. über das Münchner Olympiastadion

»Am besten, wir sprengen das Stadion einfach weg. Es wird sich doch ein Terrorist finden, der für uns diese Aufgabe erledigen kann.«
Franz B. ein paar Jahre später zum selben Thema

»Beckenbauer hat in der Gesellschaft einen Stellenwert wie der Bundespräsidentenkanzler.«
Günter Wischmann, Geschäftsführer der Werbeagentur Scholz &Friends

»Ich freu' mich auf das morgige Spiel, weil die Engländer nicht verteidigen können und die Portugiesen sowieso nicht.«
Franz B. vor dem EM-Viertelfinale 2004

»Die WM 2006 hat der Über-Franz praktisch im Alleingang nach Deutschland geholt.«
Alfred Draxler, *Bild*-Sportchef

»Ich kann mit Sicherheit ausschließen, eines Tages nicht DFB-Präsident zu werden.«
Franz B. über seine Zukunftspläne

5 Tore in einem WM-Spiel

Es war eines der wenigen WM-Spiele, in denen es um rein gar nichts mehr ging. Russland und Kamerun waren bereits vor dieser letzten Vorrundenpartie ausgeschieden, beide bislang sieglosen Teams spielten allenfalls noch um die Ehre. Und dennoch ging die Begegnung vom 28.6.1994 gleich zweimal in die Geschichte ein. Erstens schoss Oleg Salenko zwischen der 15. und 75. Minute fünf Tore und katapultierte sich damit an die Spitze der Rekordliste, noch vor Eusebio, Emilio Butragueno, Sandor Kocsis, Ademir, Just Fontaine und Ernest Wilimowski (alle 4). Zweitens traf in der 46. Minute ein alter Kameruner zum 3:1 – und machte sich damit zum ältesten WM-Torschützen aller Zeiten: Roger Milla war damals 42 Jahre und 40 Tage alt. PS: Oleg Salenko muss man nicht kennen; er hat insgesamt nur sieben Länderspiele bestritten – und dabei sechs Tore erzielt.

5 Bundesligaspiele in 8 Tagen

Kein Problem für Bayer Uerdingen. Wegen der zahlreichen Spielausfälle im Winter traten die Krefelder zwischen dem 19. und dem 26. April 1986 fünfmal an. Mit der Bilanz der englischsten aller Wochen konnte Trainer Kalli Feldkamp einigermaßen zufrieden sein: Sein Team holte 9:1 Punkte und 15:6 Tore und war am Saisonende sensationeller Dritter.

Penta

Die Samba gibt den Ton an bei Weltmeisterschaften. Brasilien hat die meisten WM-Teilnahmen (bei allen 18 Turnieren dabei), die meisten Spiele (92), die meisten Siege (66), die meisten Tore

(201), die meisten Punkte (209) und die meisten Titel: Fünf Stück an der Zahl (1958, 1962, 1970, 1994, 2002). Die nächsten Verfolger sind Italien mit 4 und Deutschland mit 3 Titeln. Und der Rolle des ewigen »Die sind theoretisch immer für den Titel gut.« Praktisch werden's dann aber doch meistens die Brasilianer.

5 Abstiege in 7 Jahren

Das macht Andreas Keim keiner mehr nach: In sieben Jahren stieg der junge Mann fünf Mal aus der Bundesliga ab – und das mit vier verschiedenen Vereinen. Zunächst zog er Karlsruhe (1985), Düsseldorf (1987) und Homburg (1988) nach unten. Im Sommer 1988 wechselte er zum 1. FC Köln, der am Saisonende tatsächlich den zweiten (!) Platz belegte. Klar, denn Trainer Christoph Daum hatte Keim im Winter zu den Stuttgarter Kickers abgeschoben. Kaum im Ländle angekommen, musste Keim in die Zweite Liga. Er schaffte aber zwei Jahre später den Wiederaufstieg – um 1992 sofort wieder abzusteigen. Eine wahrhaft mitreißende Karriere.

ER KANN NICHT NEIN SAGEN. WÄRE ER EINE FRAU, HÄTTE ER SCHON 20 KINDER. CHARLY NEUMANN ÜBER SCHALKE-PRÄSIDENT GÜNTER EICHBERG.

Etwas länger brauchte Jürgen Rynio für seine fünf Durchfaller. 1968 erwischte es ihn als 20-Jährigen zum ersten Mal mit dem Karlsruher SC. Dann ging es mit Nürnberg, Dortmund und St. Pauli nach unten. Und als er 38 Jahre alt war, durfte er 1986 nochmal mit Hannover absteigen.

Einen ganz besonderen Werdegang zum Totengräber hat Stephan Paßlack eingeschlagen. Zunächst verfehlte er das Klassenziel dreimal mit Uerdingen, danach je einmal mit Mönchengladbach und Nürnberg. Zwischendrin brachte er es allen Ernstes auf vier Länderspiele und ein Tor, hurra!, gegen Malta, doppeltes Hurra. Zum Abschluss seiner bewegenden Karriere heuerte er nochmals in Uerdingen an. Um dort von der Regionalliga in die Oberliga abzusteigen.

6 Tore in einem Bundesliga-Spiel

Gerd Müller hat alle möglichen und unmöglichen Torrekorde der Bundesliga inne – bis auf einen. Am 17. August 1977 müllerte sich ein anderer Stürmer in die Unsterblichkeit: Dieter Müller erzielte beim 7:2-Sieg über Werder Bremen sechs Treffer für den 1. FC Köln – inklusive Hattrick zwischen der 12. und 32. Minute. Ein Rausch, der selbst für Gerd Müller unerreichbar war. Er brachte es nur auf läppische fünf Tore pro Bundesliga-Spiel. Viermal zwar, hilft aber nix.

Bemerkens- und bewundernswert sind auch die vier Dinger, die Bernard Dietz innerhalb von 90 Bundesliga-Minuten fabrizierte: Keine zehn Wochen nach Dieter Müllers Sechser-Pack schoss er den MSV Duisburg zum 6:2-Sieg gegen niemand geringeren als Sepp Maier von Bayern München. Nicht schlecht für einen Verteidiger.

6 parierte Elfmeter in einem Europacup-Finale

Nicht immer ist der Begriff »Matchwinner« wirklich zutreffend. Aber im Falle von Helmuth Ducadam kommt man wohl nicht umhin, ihn als Helden des Endspiels um den Europacup der Landesmeister von 1986 zu bezeichnen. Schon während des Spiels brachte der Torwart von Steaua Bu-

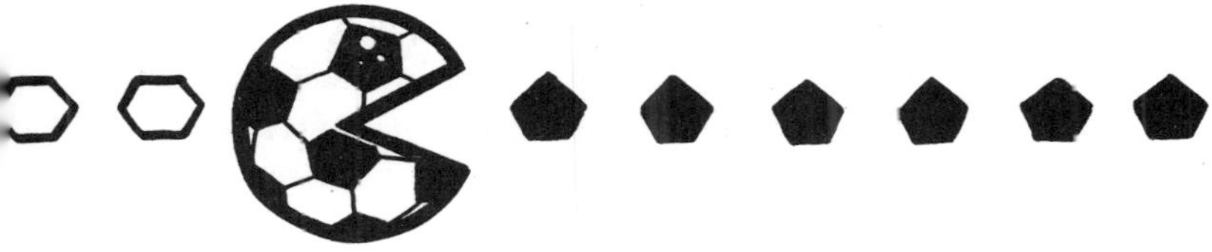

karest die Stars des favorisierten FC Barcelona zur Verzweiflung. Nach 120 Minuten hieß es – dank Ducadam – 0:0. Acht Schüsse später stand Bukarest als 2:0-Sieger fest. Der rumänische Torwart parierte alle vier Elfmeter – zwei davon fing er sogar sicher. Sein spanischer Kollege Javier Urruti hielt seinerseits zwei Schüsse. Eine Leistung, die gewöhnlich für einen Triumph reicht. Aber nicht an diesem 7. Mai in Sevilla, nicht beim schlechtesten Elfmeterschießen in der Geschichte des Europacups.

***Fußball* wetten dass ...?** 80. Sendung • 20. März 1993, Koblenz •

Wetten, dass Dieter Thiele und Frau mit verbundenen Augen mit ihren Miniaturkickern in 3 Minuten 15 Tore gegen den deutschen Ex-Nationaltorwart Wolfgang Kleff schießen können? •

Mel Gibson tippt: Nein. • Einsatz: Äpfel jonglieren. • Ausgang: Ja.

8 Punkte in der Berliner Kellerluft

Wer Tasmania sagt, der meint den unterirdischen Minusrekord der Bundesliga. Der Berliner Klub Tasmania 1900 brachte es in der Saison 1965/66 auf 15:108 Tore und 8:60 Punkte. Für dieses miserable Abschneiden gibt es zwei Gründe: Die Tasmanen hatten sich sportlich nie für die Erste Liga qualifiziert, sondern wurden vom Verband kurzerhand zum Bundesligisten ernannt, weil Hertha BSC in die Regionalliga Berlin zwangsversetzt worden war und die Funktionäre glaubten, zu Zeiten des kalten Kriegs wäre eine Bundesliga ohne Berliner Mannschaft nicht opportun. Tasmania stellte sieben traurige Rekorde auf: die wenigsten Tore, die meisten Gegentore, die wenigsten Punkte, die wenigsten Siege (2), die meisten Niederlagen (28), die wenigsten Zuschauer (827 gegen Gladbach), die längste Pleitenserie (31 Spiele in Folge ohne Sieg) in einer Saison. Nationalspieler Horst Szymaniak nahm das Dasein als Schießbudenfigur mit der Gelassenheit eines alternden Stoikers. Auf die Frage, ob ihn die Niederlagenserie nicht störe, entgegnete er: »Nein. Wir peitschen doch die ganze Liga vor uns her.«

> **UNSERE SPIELER KÖNNEN 50-METER-PÄSSE SPIELEN: 5 METER WEIT UND 45 METER HOCH.** UWE KLIMASCHEWSKI

Dass dieses Experiment derart in die Hosen ging, muss aber auch mit der Berliner Luft zusammenhängen. Denn den Minusrekord der Zweiten Bundesliga hält ebenfalls ein Team aus der Mauermetropole – mit ebenfalls acht Punkten: Der Spandauer SV schaffte in der Saison 1975/76 ganze 8:68 Punkte und 33:115 Tore. Was das Ganze noch peinlicher macht: Damals war die Zweite Liga noch zweigeteilt. Selbst in der späteren eingleisigen Liga war niemals ein Team so schlecht wie Spandau. Wären sie doch nur zu den benachbarten Wasserfreunden gegangen. Die waren schon hundertmal Deutscher Wasserball-Meister.

Die Looser des Ostens kamen übrigens nicht aus Berlin. Motor Suhl aus Thüringen rumpelte in der Saison 1984/85 mit 5:47 Punkten und 16:92 Toren durch die DDR-Oberliga.

Spielzeit: 8 Stunden pro Halbzeit

Haben Sie schon einmal davon geträumt, eine mittelalterliche Fußballschlacht mit eigenen Augen und Ohren mitzuerleben, aber Sie scheuen die Anschaffung einer Zeitmaschine? Ihnen kann geholfen werden. Ein normaler Billigflug nach London reicht, danach ab mit dem Train nach Ashbourne in die Grafschaft Derbyshire. Dort tobt seit Jahrhunderten an Fastnacht der so genannte Royal Shrovetide Football durch die Straßen. Alljährlich spielen die Oberdörfler (»Up'ards«) gegen die Unterdörfler (»Down'ards«). Tausende Männer jagen den handbemalten Ball durch Stadt, Feld und Fluß. Die Tore sind zwei Wasserräder, die drei Meilen voneinander entfernt sind. Spielzeit: acht Stunden am Faschingsdienstag, acht Stunden am Aschermittwoch. Die BBC bezeichnete den Shrovetide Kick als »das älteste, größte, längste und verrückteste Fußballspiel der Welt«. Die Regeln sind entsprechend einfach: Fremdes Eigentum darf nicht überquert werden, man darf niemandem bewusst Schaden zufügen, und der Ball darf nicht mit motorisierten Fahrzeugen befördert oder in Taschen versteckt werden. Es gibt sogar eine Art Abseitsregel: Friedhöfe, Gräber und Gedenkstätten dürfen nicht betreten werden.

9 – die Nummer der Knipser

»Mit der Nummer 9: der Knipser, der Kugelblitz, das Kopfballmonster, der Sturmtank, der Abstauber, der Bomber!«

Bomber? Gerd Müller, der Prototyp eines Mittelstürmers, trug nur zu Beginn seiner Karriere die Rückennummer 9. Bei der WM 1970 musste er diese Nummer Uwe Seeler überlassen. Er nahm die 13, die sonst keiner wollte, wurde Torschützenkönig und blieb seiner Glückszahl treu. Noch heute streiten sich Teamkollegen um jene Nummer, die den gefährlichsten Stürmer, den Torjäger, den Hauptangreifer markiert. Meist greift der zweite Mann in der Hierarchie nach verlorenem Machtkampf zur 18. So auch Ivan Zamorano von Inter Mailand, nachdem Superstar Ronaldo verpflichtet wurde. Zamorano ließ sich freilich ein kindisches Plus zwischen die 1 und die 8 mogeln.

WENN ICH SO EIN SCHLECHTER SPIELER WIE DER BOBIC WÄRE, WÜRDE ICH DIE 9 NICHT ANZIEHEN. DAS IST EINE BELEIDIGUNG FÜR DIESES TRIKOT. DER KANN VIELLEICHT DIE 29 TRAGEN. KLAUS FISCHER ÜBER FREDI BOBIC.

Aber ist die 9 wirklich ein Garant für Tore? Bei den 14 WM-Turnieren seit 1954 (vorher gab es noch keine festen Rückennummern) trugen lediglich fünf von 20 Torschützenkönigen die Nummer 9 und erzielten zusammen kümmerliche 28 Tore. Die 15, die die Nummer 9 verschmähten, erzielten dagegen 101 Tore.

Alle WM-Torschützenkönige, ihre Rückennummer und Trefferzahl:

WM	Spieler	Rückennummer	Land	Tore
2006	Miroslav Klose	11	Deutschland	5
2002	Ronaldo	9	Brasilien	8
1998	Davor Suker	9	Kroatien	6
1994	Hristo Stoichkov Oleg Salenko	8 9	Bulgarien Russland	6 6
1990	Totò Schillacci	19	Italien	6
1986	Gary Lineker	10	England	6
1982	Paolo Rossi	20	Italien	6
1978	Mario Kempes	20	Argentinien	6
1974	Grzegorz Lato	16	Polen	7
1970	Gerd Müller	13	BR Deutschland	10
1966	Eusebio	3	Portugal	9
1962*	Valentin Iwanow Leonel Sanchez Florian Albert Drazen Jerkovic Vavá Garrincha	14 11 9 9 19 7	Sowjetunion Chile Ungarn Jugoslawien Brasilien Brasilien	4 4 4 4 4 4
1958	Just Fontaine	17	Frankreich	13
1954	Sandor Kocsis	8	Ungarn	11

**) In einigen Torjägerlisten taucht nur Garrincha auf, weil er nach dem Turnier per Losentscheid zum Torschützenkönig erklärt wurde. Tatsächlich aber erzielten sechs Spieler je vier Treffer.*

9 Ritter von Elisabeths Tafelrunde

Neun Männer von der Mutterinsel des Fußballs haben es zum Ritter gebracht. Den Anfang machte Sir John Charles Clegg. Der ehemalige Nationalspieler und spätere Präsident der *Football Association* wurde 1927 von King George V. zum Ritter geschlagen. Alle weiteren erhielten ihren Ehrentitel von Queen Elisabeth II.
Here we go:

1927 *Sir John Charles Clegg:* Nationalspieler, Schiedsrichter und FA-Präsident

1965 *Sir Stanley Matthews:* Legendärer Rechtsaußen und Vater des Matthews-Tricks (links antäuschen, rechts vorbei)

1967 *Sir Alf Ramsey:* Weltmeister-Trainer 1966

1978 *Sir Walter Winterbottom:* der erfolgloseste Teamchef aller Zeiten (wie er in diesen erlauchten Kreis kam, weiß nur die Queen)

1994 *Sir Robert »Bobby« Charlton:* Weltmeister und Gentleman, elegant, torgefährlich, beständig, fair

1998 *Sir Tom Finney:* Stürmerstar der 40er- und 50er-Jahre

1998 *Sir Geoff Hurst:* Zweieinhalbfacher Torschütze im WM-Finale

2002 *Sir Bobby Robson:* Nationalspieler, Trainer und Philosoph (»Die ersten 90 Minuten eines Spiels sind die wichtigsten.«)

2004 *Sir Trevor Brooking:* smarter und treuer Mittelfelddirigent mit mehr als 500 Liga-Einsätzen nur für West Ham United und 47 Länderspielen. Danach als Funktionär erfolgreich.

Ein deutscher Kicker hat es immerhin – ehrenhalber – zum Officer of the British Empire (O.B.E.) geschafft: Torwart Bernd Trautmann, nach dem sogar das Cupfinale 1956 benannt wurde.

9. Juli

Den Optimismus der Argentinier möchte man haben: Eine Prachtstraße in Buenos Aires wurde vorsorglich nach dem Datum des Triumphs von Riquelme, Aimar, Saviola & Co. benannt: »Avenida 9 de Julio«. Der 9. Juli war das Datum des Endspiels der WM 2006 in Berlin, das die Argentinier nach dem Viertelfinale gegen Deutschland (3:5 n. E.) im Fernsehen verfolgen mussten. Gerüchten zufolge hieß die Straße ursprünglich »Avenida 8 de Julio«. 1990, nach dem mit 0:1 gegen Deutschland verlorenen Finale von Rom, wurde sie stillschweigend und vorausschauend umbenannt. [1]

9,15 Meter lange Eselsbrücke

9,15 Meter

10,0 Yard

Blitz-Interviewer aller Fernseh-Stationen aufgepasst. Wie wäre es nach dem nächsten Spiel mal mit folgender Frage: »Wie breit und wie hoch muss ein Fußballtor sein?« Jede Wette, dass drei Viertel aller Profis die korrekte Maßangabe aus dem Regelbuch nicht nennen können! Also, liebe Berufsfußballer: 7,32 Meter Breite und 2,44 Höhe sind's. Und bitte innerhalb von Pfosten und Latte messen. Bei Englands Profis klappt diese Wette allerdings nicht. Denn acht Yards und acht Feet kann man sich doch ein bisschen leichter merken als die Kommamonster des metrischen Systems.

Wie man Yards in Meter umrechnet? Das muss definitiv jeder Fußballer, der jemals auf dem Großfeld gegen den Ball getreten hat, wissen. Ganz einfach: 10 Yards sind 9,15 Meter. Um das zu wissen, muss man weder einen Freistoß ausgeführt noch in der Mauer gestanden haben.

Wer nun die 12 Yards des »Penalty-Kicks« umrechnet, kommt übrigens auf exakt 10,98 Meter. Mit anderen Worten: In den

[1] In Wirklichkeit ist der 9. Juli seit dem Sieg über Spanien 1816 (das genaue Resultat ist nicht überliefert) der argentinische Nationalfeiertag.

Stadien auf der Insel werden die Elfmeterschützen klar bevorteilt, während es auf dem Kontinent die Torhüter leichter haben. Jetzt wissen wir auch, warum Englands Nationalteam noch nie ein Elfmeterschießen gewonnen hat und nie gewinnen wird. Noch komplizierter wird es im Straf- und Fünfmeterraum. 18 Yards sind 16,50 Meter, Marcel Reif müsste beim nächsten Mal also akkuraterweise sagen: »Foul im Sechzehneinhalber!« Auch der »Fünfer« ist eigentlich ein »Fünfeinhalber«, die Linien müssen sechs Yards von den Außenpfosten und der Torlinie entfernt sein.

Nummer 10

Neulich standen im Vereinsheim des aufstrebenden Kreisklassisten SV Niederroth aus dem Dachauer Hinterland fünf Maß Bier auf dem Tisch. Spendiert von Martin Ahamer, Spitzname »Holze«, weil er erstmals mit der Rückennummer 10 hatte spielen dürfen. Gute, alte Vereins-Tradition: Wenn einer erstmals die 10 trägt, dann muss er was springen lassen. Diese Fünf-Maß-Regel greift ansonsten nur noch, wenn einer zum ersten Mal die Kapitänsbinde bekommt oder einen Elfmeter verschießt. Die Nummer 10? Die Nummer 10! Wer die 10 hat, hat es in der teaminternen Hackordnung geschafft. Die 10 ist die letzte Nummer, die was besonderes ist. Die 10 bekommt nicht jeder. Die 10 ist das Kennzeichen des besten, wichtigsten und zentralen Fußballers einer Mannschaft (Ausnahmen sind nicht auszuschließen, aber an einer Hand abzuzählen). Die 10 verteilt im Mittelfeld den Ball oder befördert ihn gleich selbst ins Tor. Die 10 darf überall auftauchen, muss

aber nie hinten mithelfen. Narrenfreiheit. Ganze Bücher beschäftigen sich ausschließlich mit der 10 und ihren tollen Trägern. Es gab Zeiten, da war die 10 nur eine Nummer von vielen. Wer bei der Wunder-Elf von Bern die 10 trug? Nein, weder Rahn noch Walter noch Morlock. Es war Verteidiger Werner Liebrich. Jener Liebrich, der bei der 3:8-Vorrundenniederlage gegen die Ungarn deren Spielmacher Ferenc Puskas dermaßen den Knöchel malträtierte, dass dieser verletzt ausschied und erst wieder im Finale – mehr schlecht als recht – spielen konnte. Puskas trug damals übrigens die 10 – wie es viele anderen »Halblinken« damals taten. Puskas und seine Fußballkunst waren es auch, die die Bedeutung der Nummer 10 zu ändern begannen. Spätestens nach Pelés Auftritt bei der WM 1958 stand fest: Die 10 bekommt der Spielmacher, Regisseur, Choreograph, der Chef. Die typischsten und prominentesten Zehner nach Pelé waren Diego Maradona, Michel Platini, Günter Netzer und Zinedine Zidane.

LIEBER 10 MINUTEN MARADONA ALS 10 JAHRE PFLÜGLER.
MAX MERKEL

Die deutschen Zehner bei Weltmeisterschaften:

		Spiele	Tore
1954:	Werner Liebrich	4	0
1958:	Alfred Schmid	2	0
1962	Albert Brülls	6	2
1966:	Siggi Held	6	2
1970:	Siggi Held	3	0
1974:	Günter Netzer (BRD)	1	0
	Hans-Jürgen Kreische (DDR)	3	0
1978:	Heinz Flohe	4	2
1982:	Hansi Müller	2	0
1986:	Felix Magath	6	0
1990:	Lothar Matthäus	7	4
1994:	Lothar Matthäus	4	1
1998:	Thomas Häßler	4	0
2002:	Lars Ricken	0	0
2006:	Oliver Neuville	7	1

1. Papst Johannes Paul II.
Als Jugendlicher ein Torhüter, auf den hundertprozentig Verlass war: Regelmäßig verließ er den Platz pünktlich um zwei Minuten vor vier Uhr. Das machte zwar alle wütend, doch Klein-Karel sagte: »Entschuldigt bitte, ich habe meinem Vater versprochen, dass ich zuhause bin.«

2. Michael Schumacher
Technisch begabt, schnell, mutig, selbstbewusst und entschlossen: Wäre er nicht auf einer Go-Kart-Bahn aufgewachsen, dann schwirrten jetzt nicht Boxenluder, sondern Spielerschlampen um ihn herum.

3. Julio Iglesias

Stand im Nachwuchs-Team von Real Madrid zwischen den Pfosten. Nach einem Autounfall 1963 musste er das Spiel aufgeben. Als er im Krankenhaus lag, lieh ihm eine Schwester eine Gitarre. Und tat damit Julio und Millionen Schwiegermüttern einen großen Gefallen.

Fußball wetten dass ...? 41. Sendung • 31. Oktober 1987, Kiel •

Wetten, dass Paulo Sahli einen Golfball 1 Stunde lang mit den Füßen in der Luft halten kann? •

Ephraim Kishon tippt: Nein. • Einsatz: Für die gesamte Gage Aktien kaufen (kurz zuvor hatte es einen Börsencrash gegeben) • Ausgang: Nein.

4. Mike Krüger

Der Komiker hätte 1984 fast die Torwand aus dem Aktuellen Sportstudio geschossen. Aber nicht, weil er etwa zu fest gegen den Ball trat, sondern weil er zu gut traf: Die Regel besagt, dass die Torwand abgeschafft wird, sobald ein Studiogast alle sechs Versuche versenkt. Mike Krügers erste vier Versuche flitzten allesamt durchs Loch, sehr zum Erstaunen des Publikums und zum Erschrecken der ZDF-Verantwortlichen. Die letzten zwei Schüsse gingen – knapp – vorbei.

5. Sönke Wortmann

Schoss 1980 die SpVgg Erkenschwick in die Zweite Bundesliga – »mein einziges Tor in der ganzen Saison«. Danach begab er sich hinter die Kamera und drehte 2006 die gnadenlos überschätzte WM-Dokusoap »Deutschland, ein Sommermärchen«.

6. Rod Stewart

Pflegt die Legende, dass er kurz vor einer Profi-Karriere beim Drittligisten FC Brentford stand. War dort tatsächlich Lehrling, kann aber den Ball immerhin beidbeinig jonglieren.

7. Albert Camus

»Alles was ich über die Moral weiß, schulde ich dem Fußball«, schrieb der Philosoph und Dichter nach einigen Semestern im Tor der Universitäts-Mannschaft von Algier.

8. Gerhard Schröder

Der Held des TuS Talle in der Saison 1966/67. Der einzige »Profi« im Team (Der damals 22-Jährige wurde mit 15 Mark, Pommes, Kotelett und Bier von seinem Studienort Göttingen zu den Punktspielen gelockt), schoss den TuS in die Bezirksliga, damals die vierthöchste Liga der Republik. Weil er nie aufsteckte und stets den Rasen »durchpflügte«, hatte der begabteste Kicker unter allen Ex-Kanzlern den Spitznamen »Acker«.

9. Campino

Der Leadsänger der Punkrockband »Die Toten Hosen« war einst fanatischer und nach eigener Aussage talentfreier Fußballer, heute ist er Hauptsponsor von Fortuna Düsseldorf und Vater des Fan-Liedes »Bayern«. Und das geht so: »Was für Eltern muss man haben, um so verdorben zu sein, einen Vertrag zu unterschreiben bei diesem Scheißverein?«

DIE BESTEN 2 MINUTEN IN DER GESCHICHTE DES SPORTS.
THE MIRROR NACH DEM CHAMPIONS LEAGUE-SIEG VON MANCHESTER UNITED GEGEN BAYERN MÜNCHEN.

10. Marilyn Monroe

Die Diva führte 1957 in Brooklyn, New York den Anstoß zum Länderspiel USA – Israel aus. Trotz vorbildlicher Schusshaltung verschwand der Ball im East River – und der Fußball für Jahrzehnte aus den USA. Heute ist er dort wieder populär, aber vor allem – logisch eigentlich – als Mädchen- und Frauensport. Was Diana Ross bei der Eröffnungsfeier der WM 1994 in den USA nicht davon abhielt, aus nicht einmal zwei Metern am leeren Tor vorbeizuschießen.

Die Top Ten der Weltrekordnationalspieler
(Stand 22.10.2007; Zahl der Einsätze)

1. *Mohammed Al-Deayea*	Saudi-Arabien	181
2. *Claudio Suarez*	Mexiko	177
3. *Hossam Hassan*	Ägypten	170
4. *Adnan Al Talyani*	Vereinige Arabische Emirate	164
4. *Cobi Jones*	USA	164
6. *Sami Al-Jaber*	Saudi-Arabien	163
7. *Martin Reim*	Estland	154
8. *Lothar Matthäus*	Deutschland	150
9. *Ali Daei*	Iran	149
10. *Ivan Hurtado*	Ecuador	145

Mit 10 den ersten Profivertrag

10 Jahre alt war Josef Bican, als er seinen ersten Profivertrag unterzeichnete. Was heutzutage in Italien fast schon normale Rekrutierungs-Praxis ist, war 1923 in Wien durchaus etwas Besonderes. Den Funktionären von Hertha Wien machte damals niemand einen Vorwurf: Bicans Vater war kurz zuvor an einer Nieren-Verletzung gestorben, die er sich bei einem Spiel für Hertha zugezogen hatte.

Zudem war die Verpflichtung auch aus sportlicher Sicht sinnvoll: Mit 518 Toren in 341 Spielen avancierte »Pepi« Bican später zum Rekord-Torschützen der österreichischen Liga. Zwischen 1933 und 1950 war er zwölfmal Torschützenkönig in Österreich und in der Tschechoslowakei. Er absolvierte 19 Länderspiele für Österreich, 14 für die Tschechoslowakei. Die Tschechen wählten ihn zu ihrem populärsten Spieler des Jahrhunderts, bei der offiziellen Experten-Wahl zum Fußballer des Jahrhunderts belegte er Platz zwei hinter Josef Masopust.

2 CHANCEN, 1 TOR, DAS NENNT MAN WOHL HUNDERTPROZENTIGE CHANCENAUSWERTUNG.

ROLAND WOHLFARTH

Die Top Ten der Jubler

6 Flikflaks und einen Salto wirbelte der Nigerianer Julius Aghahowa bei der WM 2002 nach seinem 1:0 gegen Schweden formvollendet ins Stadion von Kobe. »Zehnkommanull, zehnkommanull, zehnkommanull«, hätte Herbert Gott-hab-ihn-selig-Zimmermann ganz bestimmt gerufen. Die Zirkus-Nummer war das einzige, was vom Spiel in Erinnerung blieb. Hier die Liste der bewegendsten Show-Einlagen:

1. El Saltinho

Die ersten mickrigen Salto-Versuche unternahm der Selbstdarsteller Hugo Sanchez im Trikot der mexikanischen Nationalelf und Real Madrids. Der Senegalese Souleyman Sane importierte den Luft-Purzelbaum in die Bundesliga. Der Kongolese Rolf-Christel Guié-Mien baute ihn immerhin auf dreieinhalb Überschläge in Folge aus. Dann kam Miroslav Klose mit seinem Sandsack-Salto, der mehr Mitleid als Begeisterung hervorrief. (Eine Fan-Initiative, die Nicht-Afrikanern das Saltoschlagen verbieten wollte, wurde erst im letzten Moment aus politisch korrekten Gründen abgeblasen.) Höchste Zeit, dass die Salti endlich mit Schrauben aufgemotzt werden. Wir freuen uns schon auf den ersten dreifachen Toe-Loop und ganz besonders die Bielmann-Pirouette.

2. Die Baby-Pose

Bebeto markierte im WM-Viertelfinale gegen die Niederlande das 2:0 für Brasilien und dachte in diesem Moment an sein frischgeborenes Kind. Mit beiden Armen formte er eine Wiege und schaukelte sie sanft hin und her – mit zärtlicher Unterstützung von Romario und Rai.

3. Die tanzende Fahne

Roger Milla und seine Teamkollegen aus Kamerun machten bei der WM 1990 das Spielfeld zur Tanzfläche und zelebrierten an der Eckfahne einen kollektiven Lambada. Dies inspirierte unter anderen den Engländer Lee Sharpe: Der eilte nach jedem Tor zur nächsten Ecke, funktionierte die Stange zum Mikrofon um und legte mit perfekter Mimik und rockigem Knieschlag eine Elvis-Imitation hin. Einen anderen King imitierte Oliver Kahn bei seinem skurrilen Ausdruckstanz mit der Eckfahne: King Kong.

4. Der Schnupfer
Robbie Fowler vom FC Liverpool traf gegen den FC Everton per Foulelfmeter, kniete nieder, krabbelte die Torauslinie entlang und tat so, als würde er sie sniefen. Damit reagierte der Spieler auf Vorwürfe der Boulevard-Presse, er sei kokainsüchtig. Der Verband belohnte Fowlers Idee mit einer Sechs-Spiele-Sperre.

5. Die Säge
Stefan Kuntz und Bruno Labbadia fällten auf ihrem Weg zum Deutschen Meistertitel mit dem 1. FC Kaiserslautern so manchen Baum. Nach jedem Tor knieten sie miteinander nieder, packten die Unterarmsäge aus und ritsche-ratschten bis zum Umfallen.

6. Die Kellerassel
Ronaldo legte sich nach einem Treffer für Real Madrid gegen Alaves auf den Rücken und strampelte mit Armen und Füßen wie ein gutgelaunter Käfer. Seine brasilianischen Landsmänner Roberto Carlos und Robinho verdreifachten den Spaß. Nur Alaves-Präsident Dimitry Piterman fand das gar nicht lustig und kritisierte das Trio als »Zirkus-Clowns«.

7. Der Striptease
Als Erfinder des Trikot-über-den-Kopf-Ziehers gilt Fabrizio Ravanelli. Seine Nachahmer gaben immer wieder neue Varianten des angedeuteten Striptease zum Besten. Marcelo Santos Cipriano warf sein Hemd sogar in den Fanblock – er hatte noch eines darunter. Andere Spieler nutzten die Gelegenheit, politische, religiöse oder anderweitige Botschaften auf ihr Unterhemd zu kritzeln und beim Torerfolg zu entblößen. Doch dieser Exhibitionismus steht seit 2004 unter Strafe: Wer das Hemd hebt, sieht gelb.

8. The Diver

Als die Tottenham Hotspurs Jürgen Klinsmann verpflichteten, wurde er als Schwalbenkönig (englisch: Diver) verunglimpft. Die Antwort des Deutschen nach seinem ersten Tor war ein Sprint an die Auslinie mit anschließendem Hechtsprung vor die Füße der Fans. Die Teamkollegen liefen hinterher und legten ebenfalls einen Bauchplatscher hin.

9. Der Bandenkracher

Jürgen Klopp rannte im April 2005 nach dem 1:1 seiner Mainzer in letzter Sekunde hinter das Mönchengladbacher Tor, sprang auf die Bande, rutschte aus, schlitterte mit dem Rücken auf die gewölbte Werbefläche und landete auf dem Beton. »Wie ein Albatros«, analysierte der Trainer hernach die Szene.

Der georgische Nationalspieler Temuri Ketsbaia brachte seine Freude etwas weniger kompliziert zum Ausdruck: Er verschmähte sämtliche Gratulationsversuche seiner Mitspieler und trat solange auf die Werbebande ein, bis nichts mehr zu lesen war.

10. Der Ruhr-Walk

Neben Jürgen Klopp haben auch andere Trainer die stoische Ära der Ernst Happels und Valery Lobanowskis hinter sich gelassen. Peter Neururer etwa wurde endlich über die Grenzen des Potts bekannt, als er vor den Bochum-Fans einen hüftsteifen Ruhr-Walk kreierte. Angesichts dieses Solos drehte sich Frank Sinatra im Grabe um, und Michael Jackson erblasste wie noch nie.

Den majestätischsten aller Trainer-Gefühlsausbrüche zeigte mit Abstand Ihro Majestät Franz I. anno 1990 nach dem WM-Sieg seiner Untertanen: Beckenbauers kaiserliche Promenade über die Grünanlage des Stadio Olimpico zu Rom – unfassbar, unerreichbar, unnachahmbar.

Die 10 Gebote …

… *für Stürmer*

1. *Ich bin das Tor, Dein Ziel; Du sollst Dich nicht weiter als 16 Meter von mir entfernen.*
2. *Du sollst der Schnellste sein.*
3. *Du sollst nicht denken. Du sollst schießen, so bald das Tor in Sichtweite ist. Du sollst dabei auf den Hl. Gerd hören und nicht am Torwart vorbeischießen, sondern ins Tor.*
4. *Du sollst nicht abgeben.*
5. *Du sollst begehren die Gunst des Linienrichters auf dass er Dich nicht totwinkt.*
6. *Du sollst nicht freundlich sein zu des Gegners Torhüter. Er ist Dein natürlicher Feind.*
7. *Du sollst Deinem Bewacher nicht wehtun – sofern es noch ein Rückspiel gibt.*
8. *Du sollst nicht auf Deinen Trainer hören.*
9. *Wenn Du ein Tor schießt, feiere und bejuble es stets so spektakulär wie möglich und so, dass alle sehen, Du warst es. Der nächste Treffer könnte lange auf sich warten lassen.*
10. *Wenn der Schiedsrichter Abseits pfeift, falle aus allen Wolken und erkläre ihm die Regel noch einmal.*

... für Verteidiger

1. *Ich bin das Tor, Dein Heiligtum; Du sollst nicht auf mich schießen.*
2. *Du sollst Deinen Gegenspieler nicht passen und verdammt noch mal erst recht nicht schießen lassen.*

3. *Im Zweifel – hau ihn raus.*
4. *Du sollst denken, bevor Du grätschst.*
5. *Wenn Du ein Tor kassierst, beschuldige Deinen Mitspieler.*
6. *Wenn Dein Gegenspieler trifft, reklamiere Foul, Hand oder Aus.*
7. *Wenn Du ein Eigentor schießt, schäme Dich, aber gib es nie zu.*
8. *Du sollst nicht freundlich sein zu des Gegners Stürmer. Er ist Dein natürlicher Feind.*
9. *Du sollst so foulen, dass es wie ein Versehen aussieht.*
10. *Wenn der Schiedsrichter trotzdem pfeift, falle aus allen Wolken und zeige ihm, dass Du den Ball und nichts als den Ball gespielt hast.*

... *für Torhüter*

1. *Ich bin der Torraum, Deine Heimat; Du sollst mich nur verlassen, wenn Du tausendprozentig sicher bist.*
2. *Du sollst alle, die in den Torraum eindringen, umnieten, auf dass sie es nie wieder wagen.*

3. *Rechne immer mit allem. Nur nicht mit Hilfe von Deinen Vorderleuten.*
4. *Wenn Du ein Tor kassierst, scheiß Deine Mitspieler verdammt noch mal zusammen.*
5. *Wenn der Schuss vorbeigeht, scheiß Deine Mitspieler verdammt noch mal zusammen.*
6. *Wenn Du den Ball parierst, juble kurz und laut, bevor Du Deine Mitspieler zusammenscheißt.*
7. *Du sollst beim Elfmeter nicht zu früh in eine Ecke springen sonst hast Du keine Chance.*
8. *Du sollst beim Elfmeter so früh und so weit wie möglich in die Lieblingsecke des Schützen springen – sonst hast Du keine Chance.*
9. *Du sollst den Ball beim Abschlag nicht ins Aus oder zum Gegner schießen, sondern wenigstens ab und zu zum Mitspieler.*
10. *Du sollst Sachen, die Zuschauer auf Dich werfen, nicht mit dem Kopf abwehren.*

… für Funktionäre

1. *Wir sind die Fans, Deine Geldgeber; Du sollst uns nicht behandeln wie lästige Wegelagerer.*

2. *Du sollst keine Stadionverbote auf Verdacht aussprechen. Fußball-Begeisterung ist keine Straftat. Fans sind Menschen und keine Schwerverbrecher.*
3. *Sitzen ist fürn Arsch – viel zu teuer und viel zu langweilig.*
4. *Du sollst den Heim- und Auswärtsfans genügend Stehplätze zur Verfügung stellen.*
5. *Fans haben ein Recht auf ihre Meinungsfreiheit – denke erst gar nicht an irgendwelche Gegen- oder Zensur-Aktionen.*
6. *Du sollst den Fußball nicht im Bezahl-Fernsehen verstecken. Wer die Masse aussperrt, ist kein Volkssport und braucht sich über mangelnden Nachwuchs nicht zu wundern.*
7. *Du sollst zu Beginn jeder Halbserie alle Spiele mit genauen Anstoßzeiten festlegen.*
8. *Du sollst nie die arbeitenden Fans vergessen, die zu Spielen am Freitag oder Montag nicht 1000 Kilometer durch die Republik gurken können.*
9. *Du sollst Fans nicht per Anzeigentafel vorschreiben, wann sie zu klatschen haben.*
10. *Und schon gar nicht das Stehen, Jubeln und Schreien verbieten.*

11-Meter

Wie sein Name schon sagt, wurde der Strafstoß dazu geschaffen, jemanden zu bestrafen. Der Ball liegt schon bereit. Tief durchatmen. Konzentration. Hier kommen die elf schlimmsten Strafen vom Elfmeterpunkt. Aber bitte nicht zu früh in den Strafraum laufen!

1. Michael Kutzop 1986. Der Bundesliga-Klassiker:

Am vorletzten Spieltag der Saison empfängt Tabellenführer Werder Bremen seinen Direktverfolger Bayern München, der zwei Punkte Rückstand hat. Bremen ist klar besser, scheitert aber immer wieder an Bayerns Torwart Jean-Marie Pfaff. Doch in der 88. Minute die Riesenchance zum Sieg (und damit zum Titelgewinn) – Elfmeter. Michael Kutzop, ein Spezialist, der zuvor alle Versuche für Werder versenkt hat, schießt nicht schlecht, eigentlich sogar hervorragend. Pfaff ist verladen, der Ball fliegt flach in die Ecke. Kutzop hat aber zu genau gezielt. Der Ball klatscht gegen den Pfosten. Die Münchener holen ihr 0:0 – und eine Woche später die Meisterschale.

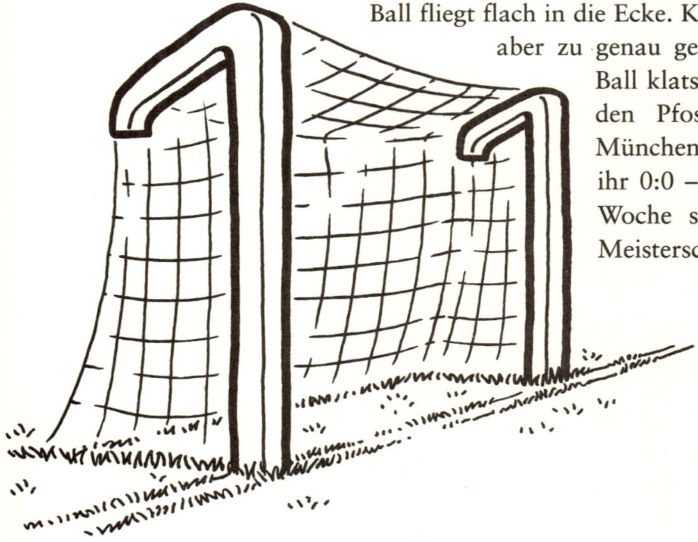

2. David Beckham 2003/04. Superstar auf wackeligen Beinen:
Im letzten EM-Qualifikationsspiel in Istanbul reicht den Engländern ein Punkt gegen die Türken, die einen Zähler weniger auf dem Konto haben. Beim Stand von 0:0 kann David Beckham per Strafstoß alles klar machen. Der Spice-Boy pfeffert das Ding aber meterweit übers Tor auf die Tribüne. Sein Team muss noch eine Stunde zittern, bis das 0:0 feststeht. Später wird der Ball für 28 050 Euro versteigert.
Im EM-Viertelfinale gegen Portugal verdaddelt Beckham im Elfmeterschießen seinen nächsten Elfer, England scheidet mit 7:8 aus.

Fußball wetten dass ...? 106. Sendung • 8. November 1997, Leipzig •
Wetten, dass Stefan Lampichler mit einem Golfschläger mehr Elfmeter verwandelt als der Torjäger des VfL Wolfsburg, Roy Präger, auf normale Art? • Jon Bon Jovi tippt: Nein. • Einsatz: Stiftet eine signierte Gitarre für einen guten Zweck. • Ausgang: Nein

3. Peter Devine 1991. Weder vorbei noch gehalten – aber dennoch nicht drin:
Im Pokalfinale der Northern Premier League First Division läuft Peter Devine von Lancaster City schwungvoll an. Er holt kraftvoll aus und: rutscht aus. Der Ball rollt einen Meter weit. Kein Tor.

4. Roberto Baggio 1994. Finaler Fehlschuss:
Noch nie zuvor musste ein WM-Finale im Elfmeterschießen entschieden werden. Doch nach 120 öden Minuten mit unzähligen Fehlpässen und keinem Tor ist klar: Dieses Endspiel zwischen Brasilien und Italien wird mit einem untröstlichen Sündenbock enden, der die Schuld an der Niederlage ganz alleine auf sich nehmen und bis ans Ende seines Lebens mit sich herumschleppen muss. Es trifft Roberto Baggio, ohne den und dessen fünf Tore in Achtel-, Viertel- und Halbfinale die Italiener überhaupt nicht ins Finale gekommen wären. Baggio küsst den Ball – und

schaufelt ihn über die Latte. Der »Hamlet des Calcio« *(Neue Zürcher Zeitung)* bricht in Tränen aus, die Brasilianer sind Weltmeister.

5. Martin Palermo 1999. Dreister Dreierpack:
Der argentinische Stürmer ist der Weltrekordlooser. Bei der Südamerika-Meisterschaft 1999 verbrezelt er nicht weniger als drei Strafstöße in einem Spiel. Einer landet an der Latte, einer in den Händen des Keepers und einer in den Wolken. Aber immerhin gelingt es ihm, ein anderes Tor vorzubereiten: Er verstolpert den Ball im eigenen Strafraum, Kolumbien siegt 3:0. Argentiniens Coach Marcelo Bielsa rastet daraufhin völlig aus und wird des Stadions verwiesen. Wäre er doch nur vorher eingeschritten.

6. Manuel Rosas 1930. Der Distanz-Strafstoß-Schütze:
Bei der ersten WM in Uruguay sind noch keine Elfmeterpunkte eingezeichnet. Also muss beim Spiel Argentinien – Mexiko der Schiedsrichter Ulysses Saucedo eigenbeinig die elf Meter zur Torlinie abmessen. Dabei verschätzt sich der Bolivianer bei beiden Elfern für Mexiko ein wenig, Augenzeugen schwören Stein und Bein, dass Manuel Rosas aus etwa 16 Metern schießen musste. Einmal trifft er, einmal scheitert er, versenkt aber den Nachschuss.

7. Mohamed Jedidi 2004. Der Höhepunkt der Olympischen Spiele von Athen:
Fünfmal lief der Tunesier gegen Serbien-Montenegro an, fünfmal ließ Schiedsrichter Charles Ariiotima (Tahiti) den Strafstoß wiederholen. Jedesmal war ein Spieler zu früh in den Strafraum gelaufen. Beim sechsten Mal standen alle erschöpft an der Linie, keiner bewegte sich. Jedidi traf zum 2:1.

8. Thommy White 1945. Sechs Treffer für die Katz:
Gleich sechsmal trifft Kilmarnocks Thommy White im Match gegen Patrick Thistle vom E-Punkt. Aber vergeblich, der Schiedsrichter lässt keines der Tore gelten – weil sich der Keeper (!) jeweils zu früh bewegt habe. Erst beim siebten Versuch hat der Mann in Schwarz nichts mehr einzuwenden. Diesmal pariert der Torhüter.

9. Alexander Iashvili 2000. Am Nicht-Torwart gescheitert:
Freiburgs Stürmer Alexander Iashvili versagt gegen Kaiserslautern in der 84. Minute. Im Tor steht ein Feldspieler. Michael Schjönberg hat die Handschuhe angezogen, nachdem sich zunächst der erste und dann der zweite Torwart verletzt hatte. Scheiterte Iashvili nun, *obwohl* ein Nicht-Torwart drin stand? Oder *weil* alle von ihm erwarteten, dass er gegen einen Feldspieler trifft, und er deshalb verkrampfte? Klarer Fall für eine psychologische Diplomarbeit.

10. Antonin Panenka 1976. Das frechste Ding aller Zeiten – immerhin im EM-Finale:
Riesen-Anlauf, Riesen-Ausholbewegung, dann ein kleiner Stupser, und der Ball fliegt wie in Zeitlupe halbhoch in die Mitte des Tores. Torwart Sepp Maier verabschiedete sich zu früh in die Ecke. Wäre er stehen geblieben, hätte er den Ball mit dem kleinen Finger bremsen können. Die (wenigen) Tschechen und (vielen) Slowaken sind Europameister.

11. Gary Lineker 1991. Missratene Kopie:
Englands Torjäger wagt es, in einem Freundschaftsspiel gegen Brasilien das Kunststück Panenkas zu imitieren. Er scheitert kläglich. Und verpasst es damit auch, in der ewigen Torschützenliste des Nationalteams mit Spitzenreiter Bobby Charlton (49 Treffer) gleichzuziehen.

Endlich enthüllt: Die 11 ureigenen Gesetze des DFB-Pokals

1.) In jeder Saison gibt es mindestens einen Favoritensturz und mithin einen Pokalschreck – notfalls helfen ein größenwahnsinniger Jungschiedsrichter und der eingeweihte Paderborner Kapitän ein klein bisschen nach.

2.) Wo Pokal draufsteht, muss auch Pokal drin sein. Pokal heißt: K.o.-System. Und zwar bitteschön ohne Rück- oder Wiederholungsspiel. 1971 hatte der DFB Hin- und Rückspiel eingeführt. Die Zuschauerzahlen gingen runter wie die Niagarafälle, nach zwei Jahren ruderten die Herren Funktionäre mit wehenden Krawatten und Schweißpfützen in ihren weißen Hemden zurück.

3.) Wie in allen anderen Wettbewerben gilt auch im Pokal: Nummer eins sind die Bayern. Zwölfmal ist der FC Bayern München auf dem Sockel eingraviert. Bis 1985 galt sogar: Wenn die Roten ins Endspiel kommen, dann gehört ihnen auch der Cup. Doch nach sieben Finalsiegen in Folge endete diese Serie mit einem 1:2 gegen Bayer Uerdingen. Bis 2005 gewannen sie 12 von 14 Endspielen.

> ZU 50 PROZENT STEHEN WIR IM VIERTELFINALE, ABER DIE HALBE MIETE IST DAS NOCH NICHT.
> RUDI VÖLLER

4.) »Berlin, Berlin, wir fahren nach Berlin.« Dieses Volkslied wird erst seit 1985 gesungen. Vorher hatte der DFB das Endspiel kreuz und quer übers Land vagabundieren lassen. Neun Pokalübergaben waren in Hannover, eine in Augsburg, aber keine in München oder Mönchengladbach.

5.) Triffst Du im Endspiel auf Deinen künftigen Verein und es kommt zum Elfmeterschießen, dann musst Du unbedingt Verantwortung übernehmen und Zeichen setzen. Also führe gleich den ersten Elfer aus. Und jage ihn mit Leidenschaft – übers Tor. Das nennt man dann Matthäus-Passion.

6.) Profivereine aller Bundesländer, hütet Euch vor den Feierabendfußballern aus dem Badischen. Der Hamburger SV erlebte 1975 beim VfB Eppingen und 1985 beim SC Geislingen sein blaues Wunder. Bayern München wurde 1990 als amtierender Meister vom FV Weinheim mit 1:0 abgefertigt. Die Väter aller Freizeitfavoritenstürzer kommen allerdings aus Franken. Das besonders Lustige daran: 24 200 im Nürnberger Frankenstadion und Millionen vor dem Fernsehgerät sahen im August 1994 den absolut verdienten 1:0-Triumph der entfesselten Dorf-Davids gegen den behäbigen Großstadt-Goliath aus München. Die Helden des TSV Vestenbergsgreuth heißen: Ralf Scherbaum, Frank Schmidt, Bernd Lunz, Harry Koch, Bernd Santl, Jochen Weigl, Reiner Wirsching, Roland Stein, Werner Pfeuffer, Harald Ebner, Wolfgang Hüttner, Thomas Latteier, Uwe Ernst. Ihnen setzte der Verein ein Denkmal. Die *Bild*-Zeitung schrieb, der neue Bayern-Coach Giovanni Trapattoni kenne nun drei deutsche Wörter: Danke, Bitte und Vestenbergsgreuth.

7.) Lässt Dich der Trainer im Pokalfinale 90 Minuten lang auf der Bank zappeln, nur weil Du einen Vertrag bei Real unterschrieben hast, dann gehe noch vor der Verlängerung zum jüngsten und kaputtesten Spieler Deines Teams, sage ihm »Ich spiele für dich weiter«, schnapp' Dir bei nächstbester Gelegenheit den Ball, spiele Doppelpass mit Rainer Bonhof und hau die Kugel mit links in den Torwinkel.

8.) Der Ordenewitz'sche Imperativ: Wenn Du absichtlich eine Rote Karte provozierst, damit Du wegen irgendwelcher komplizierter Regelungen im Finale nicht gesperrt bist, dann mach es um Himmels Willen unauffällig – und ohne vorher Deinen Trainer zu fragen. Und wenn Du mit ihm schon drüber reden musst, dann mach ihm in Gottes Namen wenigstens eines klar: »Behalt et für dich, Trainer.«

9.) Um Pokalsieger zu werden, kann es für einen Trainer angebracht sein, im Halbfinale hochkant auszuscheiden und anschließend aus dem Amt geworfen zu werden. Dragoslav Stepanovic ging anno 1993 diesen kleinen Umweg an den Gipfel: Er unterlag mit Frankfurt zuhause gegen Leverkusen 0:3, wurde wenig später gegangen und heuerte unter dem Motto »Pokal-Lebbe geht weiter« kurz vor dem Endspiel in Leverkusen an. Mit seinem neuen Team gewann er das Finale gegen die Amateure von Hertha BSC mit 1:0.

10.) Bist Du ein Oberliga-Kicker und liegst gegen einen Bundesligisten sechs Minuten vor Schluss mit 1:4 und 60 Sekunden vor Abpfiff noch 2:4 zurück, so ist das kein Grund, die Stutzen hängen zu lassen. Die Amateure des VfL Wolfsburg glichen im September 1987 gegen Werder Bremens Profis in der Nachspielzeit noch auf 4:4 aus. Am Ende hieß es 5:4 nach Verlängerung. Leider für Werder.

11.) Antidusel-Doktrin: Wenn der FC Bayern München im Heimspiel gegen einen Zweitligisten drei Foulelfmeter zugesprochen bekommt und verwandelt, muss das noch längst nicht heißen, dass er weiterkommt: 1978 schieden die Münchener in der zweiten Runde gegen Osnabrück durch eine 4:5-Niederlage aus.

12 Tore in einem WM-Spiel

Das gab es bisher nur zweimal: Beim 7:5 zwischen Österreich und der Schweiz 1954 und beim 11:1 der Ungarn über El Salvador 1982.

12 scharfe Ecken

Der Ball ist rund? Oh nein, diese Physiognomie des Spielgerätes würde zum sofortigen Spielabbruch führen! Beim Tipp-Kick hat die …äh: Kugel 12-eckig zu sein. Sollten die Kanten einmal verschlissen sein, dann ist der Ball im Fachjargon der Freaks »rundgespielt« und ein Fall für den Abfalleimer.

13 WM-Tore

Beinahe wäre Just Fontaine nicht für die WM 1958 nominiert worden. Erst im letzten Moment rutschte er für den verletzten René Bliard in den Kader der Franzosen. Nach dem Turnier kannte ihn die ganze Welt als die torgefährliche Hälfte des *tandem terrible*, das er zusammen mit Dribbelkünstler und Vorlagenzauberer Raymond Kopa bildete. Fontaine schoss in seinen sechs Turnier-Spielen 13 Tore. Ein Rekord, in dessen Sichtweite es danach selbst mit Fernrohr kein Spieler mehr schaffte.

13 kleine Garrinchas (oder mehr)

Keiner hat so viele Männer verladen, keiner so viele Frauen verführt wie Manoel Francisco dos Santos alias Garrincha. Der brasilianische Paradiesvogel und Weltmeister von 1958 und 1962 zeugte mit fünf verschiedenen Frauen ein komplettes Fußballteam plus Ersatzspieler. Zehn Nachkömmlinge brachten die Ehefrauen Nair, Elza und Vandelea auf die Welt. Zwei Sprösslingen schenkte die »offizielle Geliebte« Iraci das Leben, ein

Sohn ging aus einer Begegnung während der WM in Schweden hervor. Macht insgesamt 13 Garrinchinhos. Und hätte ihn seine Alkoholsucht nicht schon im Alter von 49 Jahren dahingerafft, die Paradiesvogelfamilie hätte längst Liga-Ausmaße angenommen.

13 wilde Kerle

Camelot heißt ihre Teamzentrale, Teufelstopf ihr Stadion. Ihre wahren Wirkungsstätten sind aber die Köpfe der Kinder. Hier die Aufstellung der 13 wilden Fußball-Kerle im pechschwefligdreifach-gehärteten-meilensteinmäßigen 2-4-4-System:

Markus, der Unbezwingbare (Band 13)

Juli, die Viererkette (4) – Joschka, die siebte Kavallerie (9)

Maxi »Tippkick« Maximilian (7) – Felix, der Wirbelwind (2) – Marlon, die Nummer 10 (10) – Vanessa, die Unerschrockene (3)

Fabi, der schnellste Rechtsaußen der Welt (8) – Leon, der Slalomdribbler (1) – Deniz, die Lokomotive (5) – Jojo, der mit der Sonne tanzt (11)

Ersatzbank:
Raban, der Held (6) Rocce, der Zauberer (12)

G 14

Im September 2000 gründeten 14 geldgierige europäische Fußballvereine eine Interessengemeinschaft. Ihr Ziel, die Gewinnmaximierung, schrieben sie sogleich in ihr Logo: G 14. Zwei Jahre später nahmen sie vier weitere Klubs auf. Darunter auch die Bayer 04 Leverkusen Fußball GmbH, die als einzige aller 18 G 14-Mitglieder noch kein einziges Mal Landesmeister geworden ist. Macht ja auch nichts, hier geht es sowieso nur ums Geld.

Die 18 Klubs der G 14:

1. Ajax Amsterdam
2. FC Barcelona 3. Borussia Dortmund
4. PSV Eindhoven
5. Bayer Leverkusen
6. FC Liverpool
7. Arsenal London 8. Olympique Lyon
9. Real Madrid
10. AC Mailand
11. Inter Mailand 12. Manchester United
13. Olympique Marseille
14. Bayern München
15. Paris Saint-Germain
16. FC Porto 17. Juventus Turin
18. CF Valencia

14 Oberligisten der ersten Stunde

In den Jahren 1948 und 1949 fand noch eine »Ostzonen-Meisterschaft« im K.o.-System statt. Die DDR-Oberliga startete am 3. September 1949 mit 14 Mannschaften in ihre erste Saison. Der Titelkampf wurde am letzten Spieltag im direkten Duell zwischen Zwickau und Dresden entschieden. Die Politiker hatten schon fleißig ihre Hände im Spiel, Zwickau siegte 5:1, und die meisten Dresdner Spieler setzten sich in den Westen ab. Darunter auch Helmut Schön, der spätere Weltmeistertrainer der Bundesrepublik.

Die erste DDR-Abschlusstabelle:

1.	ZSG Horch Zwickau	69:27	41:11
2.	SG Dresden-Friedrichstadt	87:29	39:13
3.	Waggonbau Dessau	67:36	37:15
4.	BSG KWU Erfurt	58:30	35:17
5.	ZSG Union Halle	56:38	31:21
6.	Franz Mehring Marga	49:48	31:21
7.	Volksstimme Babelsberg	42:66	24:28
8.	ZSG Industrie Leipzig	38:45	22:30
9.	Einheit Meerane	38:56	21:31
10.	Eintracht H.W. Stendal	31:45	19:33
11.	BSG Gera Süd	34:54	19:33
12.	ZSG Altenburg	34:50	17:35
13.	Anker Wismar	35:60	17:35
14.	Vorwärts Schwerin	30:84	11:41

15:30

Die beste, wichtigste und wirkungsvollste Fan-Choreografie aller Spielzeiten ging in der Rückrunde 2000/2001 über die Tribüne. Wo? In allen Bundesliga-Stadien. »15:30« stand auf den Tausenden Plakaten, die die Zuschauer von Rostock bis Unterhaching in die Kameras der Fernsehsender und Fotografen hielten. Sie protestierten damit gegen die Zerfledderung des Spieltags zugunsten des Bezahlfernsehens. Mit Erfolg: Es blieb bei sieben Samstagsspielen um 15.30 Uhr, nur zwei Spiele pro Wochenende wurden auf Sonntag verlegt.

Dass dieser Sieg der Fans, die gleich auch die zugunsten des Pay-TV-Senders Premiere von 18:00 Uhr auf 20:15 Uhr verlegte Sat1-Bundesliga-Sendung *Ran* so erfolgreich boykottierten, dass die Verlegung rückgängig gemacht werden musste, nicht lange währen würde, war angesichts der Geldgier der —> G14 abzusehen. Mittlerweile wird wieder freitags, samstags und sonntags angepfiffen. 6 Spiele am Samstag um 15:30 Uhr.

16 Bundesliga-Gründungsmitglieder

16 Vereine bestritten 1963/64 die erste Bundesliga-Saison. Nach 30 Spieltagen stand Uwe Seeler mit 30 Treffern als erster Torschützenkönig fest – und der 1. FC Köln als souveräner Meister.

Die Abschlusstabelle:

1. FC Köln	78:40	45:15
Meidericher SV*	60:36	39:21
Eintracht Frankfurt	65:41	39:21
Borussia Dortmund	73:57	33:27
VfB Stuttgart	48:40	33:27
Hamburger SV	69:60	32:28
TSV 1860 München	66:50	31:29
FC Schalke 04	51:53	29:31
1. FC Nürnberg	45:56	29:31
Werder Bremen	53:62	28:32
Eintracht Braunschweig	36:49	28:32
1. FC Kaiserslautern	48:69	26:34
Karlsruher SC	42:55	24:36
Hertha BSC Berlin	45:65	24:36
Preußen Münster**	34:52	23:37
1. FC Saarbrücken**	44:72	17:43

* *Später durch Eingemeindung zum MSV Duisburg geworden*

** *Absteiger*

Erstaunlich: Sämtliche Klubs sind noch heute im Profi-Geschäft aktiv – bis auf die damaligen Absteiger aus Münster und Saarbrücken. Sie kicken Ende 2007 in der Oberliga.
Am ersten Bundesliga-Spieltag noch nicht dabei waren Mönchengladbach und der FC Bayern. Münchens Präsident Neudecker und Manager Schwan hospitierten seinerzeit noch beim späteren Meister in Köln. Erst in der dritten Spielzeit, als die Liga auf 18 aufgestockt wurde, stiegen Borussia und Bayern auf. Der dritte Aufsteiger ist heute ebenfalls Legende: Tasmania Berlin.

16 und 17 Jahre alt ...

... waren die Gründer des BFC Hertha 92 auf einer feuchtfröhlichen Dampferfahrt am 25. Juli 1892. Den Namen holten sie sich vom Schiffsrumpf, die Farben vom Schornstein. (Andere Quellen behaupten, sie hätten den Dampfer »Hertha« nur vorbeifahren sehen.) Damit ist auch geklärt, warum bis heute eine wehende Fahne das Logo des später als Hertha BSC Berlin firmierenden Klubs ziert.

18 Spieler, 0 Erfolg

Österreichs Teamchefs Josef Argauer und Josef Molzer entpuppten sich vor der WM 1958 als Sparkommissare: Statt der erlaubten 22 nominierten sie – aus Kostengründen – nur 19 Spieler für das Turnier in Schweden. Und nachdem sich kurzfristig auch noch Pepi Hamerl verletzt hatte, wurde der freie Platz im Kader nicht durch einen Akteur ersetzt, sondern durch Helga, die Assistentin des Mannschaftsarztes. Die Österreicher machten sich nach der Vorrunde ohne Sieg auf den Heimweg. 1962 blieben sie sogar freiwillig zu Hause. Die Staatsliga hatte den Verzicht auf die Qualifikations-Teilnahme durchgesetzt, weil ihr die Reise zum Turnier in Chile zu teuer gewesen wäre.

1954 reisten gleich zwei Teams freiwillig mit reduziertem Kader an. Nachdem der Peso kurz vor der WM abgewertet worden war, dampfte Mexiko sein Aufgebot auf 18 Mann ein. Die Geizigsten aller Geizigen waren freilich die Schotten. Coach Andy Beattie nahm gerade einmal 13 Spieler mit in die ach so teure Schweiz und ließ die restlichen neun auf Abruf zu Hause. Nachkommen musste keiner. Weil Beatties Team auch mit Toren geizte (0:4 Punkte, 0:8 Treffer), war der Trip nach drei Tagen schon wieder beendet.

Der 18. Platz

Fußball ist ein Bewegungsspiel, und die einzigen Orte, an denen dieses Grundgesetz hierzulande konsequent umgesetzt wird, sind Bochum, Nürnberg, Bielefeld und Rostock. Seit dem wacker erkämpften Abstieg 2005 darf sich der Rostocker Fahrstuhl-Club, auch bekannt als FC Hansa, als alleiniger Rekordraufundruntermeister bezeichnen. Siebenmal gingen die Hanseaten unter, achtmal tauchten sie wieder auf – 15 Tauchgänge sind republikweit unerreicht. Doch darf getrost davon ausgegangen werden, dass Deutschlands Sprunghafteste Clique (DSC Arminia, 13 Ligawechsel), der Erste Flicflac-Clan Nürnberg (FCN, 12) oder Bochums Verein für Liftübungen (VfL, 11) wieder nachziehen werden – und das ist auch gut so. Denn eine Mannschaft, für die sogar der UI-Cup so weit entfernt ist wie Berti Vogts von Pelé, die muss ihren Fans zwischendurch schon mal eine Aufstiegsfeier bieten.

Dies gilt grenzübergreifend, deshalb hat jedes Land sein Rostock. In England hat sich Leicester City mit 22 Up-and-downs den Titel des »yoyo-teams« hart erarbeitet. Ebenfalls 22 Sprünge und Stürze schafften CD Málaga (Spanien) und Stade Dudelange (Luxemburg). 23 Ligawechsel können KV Mechelen (Belgien), Skoda Pilsen (Tschechien) und Besëlidhja Lezhë (Albanien) bieten. Unangefochtener Paternosterweltmeister ist allerdings der FC Haladas Szombathelyi (Ungarn) mit 25 Auf- und Abstiegen zwischen 1936 und 2007. Einen anderen Rekord für die Ewigkeit hat die zypriotische Pendelelf von Aris Limassol gebastelt: Sie schaffte zwischen 1997 und 2006 zehnmal hintereinander den Wechsel zwischen erster und zweiter Liga.

Liste der Jojo-Rekordhalter:

1.	FC Haladas Szombathelyi	Ungarn	25
2.	Viktoria Skoda Pilsen	Tschechien	23
2.	Besëlidhja Lezhë	Albanien	23
2.	KV Mechelen	Belgien	23
5.	CD Málaga	Spanien	22
5.	Stade Dudelinge	Luxemburg	22
5.	Leicester City	England	22
8.	AS Bari	Italien	20
	Brescia Calcio		20
10.	RC Straßburg	Frankreich	19
11.	Vaasan PS	Finnland	18
12.	FC Luzern	Schweiz	17
13.	FC Volendam	Niederlande	16
13.	Beira-Mar	Portugal	16
15.	Hansa Rostock	Deutschland	15
16.	Quilmes	Argentinien	14
17.	Austria Salzburg	Österreich	13
	First Vienna FC		13
	1. Simmeringer SC		13

Fußball wetten dass ...? 155. Sendung • 19. März 2005, Berlin •

Stefan Olschewski und Momme Jürgensen aus Barmstedt wetten, dass sie alle Spieltage aus 40 Jahren Fußball-Bundesliga-Geschichte anhand der jeweiligen Tabelle erkennen. •

Oliver Bierhoff tippt: Ja • Einsatz: bei einem Bundesliga-Spiel Getränke verkaufen. • Ausgang: Ja

22 Titel für den Mister

Giovanni Trapattoni gelte als erfolgreichste Vereinstrainer de Welt. Mit fünfo Vereine aus quattro Länder holte – bisher – 22 Titel. Pronto:

Juventus Turin:

1. 1977 Italienischer Meister
2. 1977 UEFA-Cup
3. 1978 Italienischer Meister
4. 1979 italienischer Pokalsieger
5. 1981 Italienischer Meister
6. 1982 Italienischer Meister
7. 1983 italienischer Pokalsieger
8. 1984 Italienischer Meister
9. 1984 Europapokalsieger der Pokalsieger
10. 1984 Europ. Supercup
11. 1985 Champions League
12. 1985 Weltpokal
13. 1986 Italienischer Meister
14. 1993 UEFA-Cup

Inter Mailand:

15. 1989 Italienischer Meister
16. 1989 Supercupsieger
17. 1991 UEFA Cup

Bayern München:

18. 1997 Deutscher Meister
19. 1998 Pokalsieger
20. 1998 Ligapokal

Benfica Lissabon:

21. 2004 portugiesischer Pokalsieger

Red Bull Salzburg

22. 2007 Österreichischer Meister

Übrigens Trap hat auch schon als Spieler Pokale gewinne: 1963 und 1969 wurde con AC Milan Europasieger der Meisterlande.

27 Schnippkick-Vereine

Wird auf deutschen Tischen zumeist Tipp-Kick gespielt, so amüsieren sich die Briten mit Subbuteo. Das Feld ähnelt dem Tipp-Kick-Teppich, aber die Figuren sind eine Art Stehaufmännchen. Die Spieler sehen aus, als wären ihre Füße in einem Toffifee-Bonbon einbetoniert. Mann kippt sie mit viel Fingerspitzengefühl, zielt und lässt los: Zingggg, drin isser. Natürlich hat dieses Schnipp-Kick seine eigenen (geschriebenen und ungeschriebenen) Gesetze. So darf das Einwurf-Männchen nie richtig funktionieren, und mancher Freak verlängert die Arme des Torwarts mittels eines Feuerzeugs auf Orang-Utan-Länge. Es gibt Mannschaften mit dem Trikot des Lieblings-Teams (wahlweise in Heim- oder Auswärts-Garnitur), aber auch Trainerbänke, Flutlichtmasten, Anzeigetafeln, Schieds- und Linienrichter, Balljungen und Kameramänner, Polizisten und sogar Flitzer. Und für die perfekte Siegerehrung gibt es einen Mini-Cup, überreicht von Ihrer Majestät Queen Mini-Elisabeth.
Manche bezeichnen Tipp-Kick und Subbuteo als Sammelfeld für Männer, denen eine Modell-Eisenbahn zu groß ist oder von der Frau verboten wurde. Andere widmen sich dem Spiel wettkampfmäßig unter dem Dach des Deutschen Tipp-Kick-Verbandes (DTKV) beziehungsweise des Deutschen Sport-Tisch-Fußball-Bundes (DSTFB). Bundesweit gibt es etwa 200 Tipp-Kick-Vereine wie Sturm und Drang Karlsruhe, Torpedo Heidelberg oder die Flinken Finger Bruck. Die etwa 30 deutschen Subbuteo-Klubs tragen nicht minder klangvolle Namen wie Ajax Aachen, Kickers Schwieberdingen oder Irreal Nieder-Mörlen. 1992 versuchten einige Subbuteos, ihren Sport ins olympische Programm zu hieven. Vergeblich.

Eine Halbzeit dauert 30 Minuten

Das Bundesliga-Spiel Werder Bremen – Hannover 96 am 8. November 1975 läuft noch keine 30 Minuten, da bläst Wolf-Dieter Ahlenfelder kräftig in seine Pfeife. Spieler und Fans blicken den Schiedsrichter an, der sich seelenruhig auf den Weg in die Kabine macht. Doch der schwarze Mann muss noch ein bisschen auf seinen Pausenschnaps warten, nach einem Gespräch mit anderen Beteiligten erklärt er sich bereit, die erste Hälfte ausnahmsweise noch eine Viertelstunde länger laufen zu lassen. Als er dann endlich in die Katakomben darf, zeigt er einem Fotografen die Zunge in ihrer vollen Länge und sagt: »Wir sind Männer und trinken keine Fanta.«

34 Punkte, 34:34 Tore

Wenn sämtliche Spiele einer Bundesligasaison mit 1:1 enden würden, hätten am Saisonende alle Mannschaften 34 Punkte und 34:34 Tore auf dem Konto. Was der DFB in diesem Fall wohl macht? Wer ist dann Meister, und wer muss absteigen? Knallharte Recherchen haben den Plan des DFB für dieses Szenario ans Tageslicht gebracht: Stuttgart wird Meister, Bayern, Schalke und Hertha müssen absteigen. Wie der DFB dann eine Woche vor der nächsten Saison bekanntgibt, sei die Entscheidung per Los – unter notarieller Aufsicht – gefallen. Die Glücksfee soll zu ihrem eigenen Schutz anonym bleiben, deshalb trägt sie den Chiffre-Code MV.

34 Runden lang dem Peloton voraus

Was Lance Armstrong kann, hatten die Münchener Bayern schon Anfang der 70er-Jahre in den Wadln (wobei wahrscheinlich Bier die einzige stimulierende Substanz war): In der Saison 1972/73 erstrampelten sich die Wiesn-Städter einen Start-Ziel-Sieg. 34 Runden führte das Team Udo Lattek im roten Trikot das Bundesliga-Feld an. Am Ende hatte es mit 54:14 Punkten und 93:29 Toren nicht weniger als – Rekord! – elf Punkte Vorsprung auf den, nun ja: Verfolger 1. FC Köln.

Länderspiel-Debüt im zarten Alter von 39

Sechs Wochen nach den Terroranschlägen vom 11. September 2001 musste Österreichs Nationalelf zum entscheidenden WM-Qualifikationsspiel in Israel antreten. Zwei Spieler waren verletzt, zwei waren gesperrt. Und neun Männer sagten ab, weil sie Angst vor einem Attentat hatten. Im Falle einer Niederlage wäre Österreich definitiv ausgeschieden. In seiner Verzweiflung wollte Trainer Otto Baric seinen Stürmer Ivica Vastic zum Libero umfunktionieren. Dies offenbarte er ihm am Frühstückstisch. Vastic antwortete: »Ich bin doch vorne wertvoller. Warum nicht mit Zeljko?« Sein Kumpel Zeljko Vukovic hielt damals beim Aufsteiger FC Kärnten die Abwehr zusammen. Trainer Baric wusste zu diesem Zeitpunkt nicht einmal, dass Vukovic einen österreichischen Pass hat. Doch er nahm Vastics Vorschlag an, nominierte den 39-Jährigen und machte ihn am 27. Oktober 2001 in Tel Aviv zum ältesten Debütanten aller Zeiten.

44 Jahre lang Trainer bei einem Verein

Vierundvierzig Jahre bei ein und demselben Arbeitgeber, das kommt in der heutigen Berufswelt so oft vor wie ein Fallrückzieher beim Handball. Ein Franzose hat diese Marke erreicht, und das nicht etwa im Büro einer mittelgroßen Stadtsparkasse, sondern als Cheftrainer eines Fußball-Profivereins. Na gut, als Guy Roux anno 1961 im zarten Alter von 22 Jahren sein erstes Training bei der AJ Auxerre leitete, kickte die Equipe noch in der vierten Liga. Doch der Junggeselle führte den Kleinstadt-Klub an die Spitze des Landes und in die Champions League. Nach 44 Jahren war dann im Sommer 2005 doch noch Schluss. Der inzwischen 66-Jährige wurde wohlgemerkt nicht entlassen, sondern erklärte unmittelbar nach dem Sieg im französischen Cupfinale seinen Rücktritt – sehr zur Überraschung der Beobachter, sehr zum Leidwesen der AJA-Verantwortlichen, die Roux erklärtermaßen gerne weiterbeschäftigt hätten.

... Volker Finkes Abschied vom SC Freiburg war ähnlich umstritten. Fans initiierten die Bewegung »Wir sind Finke« und wollten eine außerordentliche Mitgliederversammlung erzwingen. Sie scheiterten. Der Oberstudienrat für Geschichte, Gemeinschaftskunde und Sport verließ den Verein nach drei Auf- und Abstiegen und 16 Jahren als Bundesliga-Rekordhalter.

Eine Bestleistung ganz besonderer Art hat Thomas Schaaf vollbracht. Seit 1971 rennt, grätscht, flankt, schreit und lebt er ausschließlich für den SV Werder Bremen. Als D-Jugend-Talent kam er von Union Bremen zu Werder. Er arbeitete sich bis zum Deutschen Meister empor. Nach seinen 262 Bundesliga-Einsätzen wurde er 1993 Trainer der A-Junioren, übernahm 1995 die Amateure und 1999 die Profis. Mit denen holte er 2004 das Double.

46 Bundesliga-Bewerber

1958 hatte ein außerordentlicher DFB-Bundestag die Bundesliga noch abgelehnt. Erst im zweiten Anlauf vier Jahre später, am 28. Juli 1962, rangen sich die Delegierten im Goldenen Saal der Dortmunder Westfalenhalle mit 103:26 Stimmen zur Einführung einer eingleisigen Eliteliga durch. Daraufhin schickten 46 Vereine aus den fünf Oberligen ihre Aufnahme-Anträge in die DFB-Zentrale nach Frankfurt. Darunter so namhafte Klubs wie Schwaben Augsburg, Arminia Hannover, Viktoria 89 Berlin, Sportfreunde Saarbrücken oder Hamborn 07. Als Kriterien hatte der DFB das sportliche Abschneiden in den zehn Jahren zuvor und die finanzielle Leistungsfähigkeit ausgegeben. Nach etlichen Geheimsitzungen und unzähligen öffentlichen Diskussionen veröffentlichte der DFB eine 16er-Liste (→ 16). Alemannia Aachen und die Offenbacher Kickers waren nicht dabei. Sie zogen vor Gericht – vergeblich.

Die durchgefallenen Bundesliga-Bewerber von 1962:

50 Jahre und 5 Tage

Stan Matthews war ein Mann der Superlative: 1956 wurde er zum ersten Fußballer des Jahres Europas gekürt, 1965 wurde er als erster englischer Fußballer zum Ritter geschlagen, nachdem er kurz zuvor den Rekord des ältesten Erstliga-Spielers auf 50 Jahre und 5 Tage geschraubt hatte. Mit Stoke City besiegte er Fulham 3:1 und bereitete dabei das 1:1 vor. Nach seinem Abschiedsspiel blickte er wehmütig zurück: »Ich habe zu früh aufgehört, ich hätte länger durchhalten sollen.« Bundesliga-Rekordhalter Klaus Fichtel (43 Jahre und 184 Tage) hätte Sir Matthews wohl nur ein gentleman-mäßiges Lächeln entlockt.

51 Meistertitel

Der unangefochtene Weltrekordrekordmeister heißt Glasgow Rangers mit 51 Landesmeister-Titeln.

Nachfolgend die Ehrentafel der ausdauerndsten Titelsammler aus 26 ausgewählten Ländern:

Glasgow Rangers	Schottland	51
Olimpia Asuncion	Paraguay	38
Olympiakos Piräus	Griechenland	35
Sparta Prag	Tschechien	33 (24+9)*
River Plate Bu. Aires	Argentinien	32
Rapid Wien	Österreich	31
Benfica Lissabon	Portugal	31
ZSKA Sofia	Bulgarien	30
Real Madrid	Spanien	30
RSC Anderlecht	Belgien	29
Ajax Amsterdam	Niederlande	28
Juventus Turin	Italien	27**
Grasshoppers Zürich	Schweiz	27
Dynamo Kiew	Ukraine	25 (13+12)***
Steaua Bukarest	Rumänien	23
Spartak Moskau	Russland	20 (11+9)****
Bayern München	Deutschland	20 (11+9)*****
Rosenborg Trondheim	Norwegen	20 ******
Maccabi Tel Aviv	Israel	18
FC Liverpool	England	18
IFK Göteborg	Schweden	17
Galatasaray Istanbul	Türkei	17
Gornik Zabrze	Polen	14
AS St. Etienne	Frankreich	10
Bröndby Kopenhagen	Dänemark	10
Dynamo Berlin	DDR	10 *******

** 24 x tschechoslowakischer, 9 x tschechischer Meister; ** 2005 und 2006 aberkannt; *** 13 x sowjetischer, 12 x ukrainischer Meister; **** 11 x sowjetischer, 9 x russischer Meister; ***** 11 x westdeutscher, 9 x gesamtdeutscher Meister; ****** von 1992 bis 2004 13 Mal in ununterbrochener Reihenfolge – aber 2005 war Schluss mit der lustigen Serie; ******* von 1979 bis 1988 zehnmal hintereinander, dank gütiger Mithilfe des größten Fans: Stasi-Chef Erich Mielke*

66 Minuten Warten auf den Saisonstart

Geplant war ein strahlender Fußball-Abend. Geworden ist es die düsterste Stunde der Liga. Am Freitagabend, dem 6. August 2004, eröffneten der Deutsche Meister Werder Bremen und der FC Schalke die Saison 2004/2005 im Weserstadion mit einem Flutlichtmatch, das live in der ARD übertragen wurde. Um 20.26 Uhr, vier Minuten vor dem geplanten Anpfiff, gingen plötzlich die Lichter aus. Der Lautsprecher versagte, und das Fernsehbild wurde schwarz. Stromausfall. Das einzige, was leuchtete, waren die Flutlichtmasten. Also wollte Stefan Trautmann aus Florstadt um 21.15 Uhr die Partie ohne TV-Bilder anpfeifen. Doch jetzt wollte auch das Flutlicht nicht mehr. Die Fans zückten ihre Feuerzeuge und sangen »Laterne, Laterne«. Die Funktionäre des DFB wollten das Spiel abblasen und handelten schon einen Nachholtermin aus. Da wurde es doch noch hell, und das Spiel mitsamt der TV-Übertragung konnte beginnen. Mit 66-minütiger Verspätung.

74 cm großer Henkelmann

Der größte ist auch der begehrteste Vereinspokal – und der am häufigsten produzierte. Sechs Exemplare des Europapokals der Landesmeister stehen schon auf dem Kontinent herum. Alle fünfmaligen Sieger (Real Madrid, AC Mailand, FC Liverpool) oder Dreimal-Hintereinander-Triumphatoren (Real Madrid, Ajax Amsterdam, Bayern München) haben den Henkelmann in ihrer Vitrine stehen. Nach Liverpools fünftem Erfolg 2005 pendelt nun das siebte Exemplar über den Kontinent.

Nicht einmal halb so groß ist der Fifa World Cup, aus dem man zudem weder Schampus trinken noch Bier verspritzen kann. Dafür ist der 36 Zentimeter große und fünf Kilo schwere Goldklumpen mit seiner Malachitstein-Verzierung einiges wert: Auf 10 Millionen Dollar wird der Wert des 18-Karäters geschätzt, den der Italiener Silvio Gazzanigi 1971 entwarf. Jeder Weltmeister darf die Trophäe vier Jahre lang behalten und muss sie dann dem neuen Titelträger überlassen. Zum Trost gibt es immerhin ein vergoldetes Replikat im Wert von etwa 50000 Euro.

75 Minuten Warten auf ein Tor

Stell dir vor, es ist 1. April, Champions-League-Halbfinale, und wenige Sekunden vor dem Anpfiff verabschiedet sich das Tor auf Nimmerwiedersehen. Undenkbar? Hier das Drehbuch einer bizarren Mischung aus Tragikomödie und Aprilscherz.

1. April 1998, Madrid, Stadion Santiago Bernabeu, 95 000 Zuschauer (ausverkauft), 22 Spieler, 2 Fernseh-Journalisten.

20.41 UHR: DAS SCHIEDSRICHTERGESPANN FÜHRT DIE MANNSCHAFTEN VON REAL MADRID UND BORUSSIA DORTMUND AUFS FELD. PLATZWAHL.

20.42 UHR: DIE BERÜCHTIGTEN REAL-FANATIKER »ULTRASUR« KLETTERN IN DER SÜDKURVE AUF DEN ZAUN HINTER DEM TOR.

WIE DIE AFFEN RÜTTELN SIE AM DRAHTGEFLECHT. DER ZAUN FÄLLT UM. DAS TORNETZ IST AM ZAUN FESTGEBUNDEN. DAS TOR KNICKT EBENFALLS UM.

20.43 UHR: VIER BLAUMÄNNER RENNEN IN DEN STRAFRAUM WIE STÜRMER IN DER NACHSPIELZEIT.

20.44 UHR: WEITERE WICHTIGE MENSCHEN – TEILS IN ANZÜGEN, TEILS IN LEUCHTEND ROTEN ORDNER-LEIBCHEN – BEGEBEN SICH AN DEN TATORT UND BEGUTACHTEN KOPFSCHÜTTELND DAS WERK DER AFFEN.

20.45 UHR: ZUM VON DER UEFA FIXIERTEN UND ZUMEIST PENIBELST EINGEHALTENEN ZEITPUNKT DES SPIELBEGINNS SITZEN 6,4 MILLIONEN ZUSCHAUER VOR DEN FERNSEH-APPARATEN UND SCHAUEN RTL. SIE SEHEN IN SUPERZEITLUPE, WIE DAS KURIOSESTE TOR DER CHAMPIONS-LEAGUE-GESCHICHTE GEFALLEN IST.

20.49 UHR: HOLZLATTEN WERDEN FEIERLICH HERBEIGESCHAFFT UND IN JENE LÖCHER GESTECKT, IN DENEN EINST DAS TOR BEFESTIGT WAR.

20.50 UHR: RTL-MODERATOR MARCEL REIF MELDET SICH ZU WORT: »ICH DACHTE, WIR KÖNNTEN HIER EIN BISSCHEN FUßBALL GUCKEN. DOCH STATTDESSEN ERLEBEN WIR EINEN HEIMWERKERKURS.«

20.52 UHR: SCHIEDSRICHTER MARIO VAN DER ENDE ERKENNT: DAS KANN NICHTS WERDEN. ER FÜHRT DIE SPIELER WIEDER IN DIE KABINEN ZURÜCK.

20.55 UHR: ERSTE ZWISCHENBILANZ VON RTL-MODERATOR GÜNTHER JAUCH: »DAS ERSTE TOR FIEL IN DER NULLTEN MINUTE.«

20.59 UHR: BLAUMÄNNER, ANZÜGE UND ROTLEIBCHEN HANTIEREN IMMER NOCH MIT DEN HOLZPLANKEN.

21.01 UHR: MARCEL REIF STELLT FEST: »JETZT STEHT DA AUCH NOCH WASSER IM METALLROHR. DIE SCHEINEN SCHON AUF GRUNDWASSER GESTOSSEN ZU SEIN. ODER IST ES ÖL?«

21.05 UHR: GÜNTHER JAUCH SEHNT SICH NACH ETWAS VIEL KOSTBA-

REREM ALS ÖL: »NOCH NIE HÄTTE EINEM SPIEL EIN TOR SO GUT GETAN.«

21.08 UHR: GÜNTHER JAUCH KLETTERT AUF EINEN STUHL UND VERANSCHAULICHT VERMITTELS EINES MASSBANDES, WIE HOCH EIN TOR ZU SEIN HAT: 2,44 METER VOM BODEN BIS ZUR LATTEN-UNTERKANTE.

21.12 UHR: DAS TOR WEIGERT SICH EIN LETZTES MAL, STEHEN ZU BLEIBEN UND WIRD ZUR STRAFE ABGEFÜHRT. JAUCH ERKUNDIGT SICH: »DAS SOLLTEN ALSO HOLZBEINE FÜR DAS TOR WERDEN?« DIE QUOTE IST INZWISCHEN AUF 10,17 MILLIONEN ANGESTIEGEN.

21.15 UHR: DORTMUNDS CO-TRAINER MICHAEL HENKE KLOPFT AN DIE TÜR ZUR REAL-KABINE. ER BEKOMMT EINE THERMOSKANNE KAFFEE UND SERVIERT SIE SEINEN SPIELERN.

21:28 UHR: MARCEL REIF VERLIERT EIN KLEINES BISSCHEN DIE GEDULD, IN KEINSTER WEISE ABER DIE ÜBERSICHT: »IM ÜBRIGEN IST GLEICH HALBZEIT. ZUMINDEST NACH MEINER UHR.«

21.38 UHR: DAS NEUE TOR IST DA. EIN TIEFLADER HAT ES VOM VIER KILOMETER ENTFERNTEN REAL-TRAININGSGELÄNDE MITSAMT POLIZEI-ESKORTE HERGEFAHREN. 23 HELFER TRAGEN DAS GESTELL AUFS FELD, BLEIBEN AM EINGANG HÄNGEN. RTL VERZEICHNET DEN QUOTEN-SPITZENWERT DES ABENDS – 12,76 MILLIONEN.

21.40 UHR: BORUSSIA-PRÄSIDENT GERD NIEBAUM VERLÄSST DIE BVB-KABINE. »DIE ANSPANNUNG IST RAUS«, SAGT ER UND ERWÄGT, NICHT ANZUTRETEN. DOCH DER ZYPRIOTISCHE UEFA-FUNKTIONÄR MARIOS N. LEFKARITIS ÜBERREDET IHN: »DAS KÖNNEN SIE NICHT MACHEN. DIE ZUSCHAUER WERDEN ÄRGER MACHEN.«

21.43 UHR: DAS NEUE TOR STEHT. DER SCHIEDSRICHTER BITTET DIE TEAMS WIEDER AUFS FELD. DORTMUNDS KAPITÄN STEFAN REUTER UNTERSCHREIBT AUF DEM SPIELFELD EIN EILIG FORMULIERTES PROTESTSCHREIBEN.

22 UHR: ANPFIFF. DIE LÄNGSTE, KURIOSESTE UND UNTERHALTSAMSTE VERSPÄTUNG DER FUSSBALLGESCHICHTE GEHT NACH 75 MINUTEN ZU ENDE.

22.25 UHR: DAS SPIEL IST LANGWEILIG. FERNANDO MORIENTES TRIFFT ZUM 1:0 FÜR MADRID.

22.45 UHR: HALBZEIT. DIE QUOTE SINKT UNTER 10 MILLIONEN.

23.45 UHR: SCHLUSSPFIFF. DIE RTL-QUOTE LIEGT WIE DAS KAPUTTE TOR IM KELLER: 5,38 MILLIONEN. REAL GEWINNT DAS SPIEL DURCH EIN ZWEITES TOR VON CHRISTIAN KAREMBEU MIT 2:0. SIEGER DES ABENDS SIND ABER EINDEUTIG GÜNTHER JAUCH UND MARCEL REIF. SIE WERDEN WENIG SPÄTER MIT MEDIEN-PREISEN ÜBERSCHÜTTET.

AM NÄCHSTEN TAG: KRISENSITZUNG IN DORTMUND. AM SPÄTEN NACHMITTAG VERKÜNDET BVB-BOSS NIEBAUM, DASS DIE BORUSSIA AUF EINEN PROTEST VERZICHTET.
DIE UEFA BRUMMT REAL MADRID DAGEGEN EINE 1,5-MILLIONEN MARK-GELDSTRAFE UND EINE STADIONSPERRE FÜR ZWEI EUROPACUP-HEIMSPIELE AUF. DAS RÜCKSPIEL IN DORTMUND ENDET 0:0, IM FINALE GEWINNT REAL GEGEN JUVENTUS TURIN MIT 1:0.

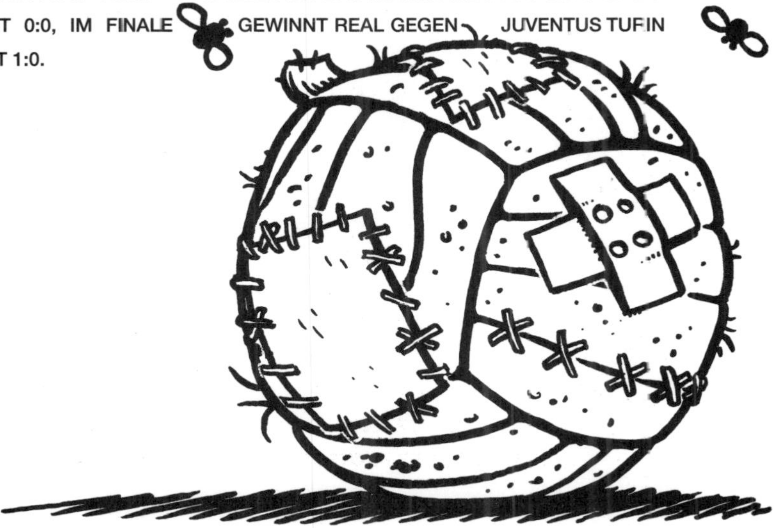

Mit 80 auf dem Höhepunkt:

80 Jahre alt war Kurt Meyer, als er das Tor des Monats schoss. Am 23. Januar 2001 kickte er mit seinen Alten Herren von Blau-Weiß Post Recklinghausen gegen den FC Hillerheide. Wie ein junger Gott nahm er den Ball liebevoll auf, um ihn dann kräftig unter die Latte zu wuchten. »Da so rechts rumgelenkt, kurz mit dem linken Standbein, dann umgedreht und dann voll«, so beschreibt der ehemalige Bergmann und Trainer seinen Genie-Streich. »Da habbich gesehen, dass er oben reingeht.« Und wie! Unhaltbar. Unfassbar. Mit seinem Zauberschuss ließ er bei der Abstimmung der ARD-Zuschauer Konkurrenten wie Jörg Böhme, Yildiray Bastürk und Michael Ballack weit hinter sich. »Das können die in der Bundesliga nicht«, sagte der Senior bei einem seiner zahlreichen Interviews. »So einen Trick. Umdrehen – und nach oben.« Noch Fragen? Ja, zwei Stück. Erstens: Wer ist eigentlich Michael Ballack? Zweitens: Was um Himmels willen treibt eine ARD-Kamera zum Opa-Kick auf dem Recklinghausener Sportplatz »Lange Wanne«? Ein überdurchschnittlich ausgeprägter Torriecher? Nein. Das Spiel wurde eigens zu Meyers 80. Geburtstag ausgetragen. Und die Nachmittags-Sendung »Aktuelle Stunde« des Westdeutschen Rundfunks wollte dabei eine kleine bunte Geschichte aus der Nachbarschaft drehen. Die bekam sie dann auch. Nur dass sie länger als ein Jahr dauerte. Anfang 2002 ging der Rummel um Kurt Meyer erst richtig los: Sein Treffer wurde auch zum Tor des Jahres gewählt.

JETZT KÖNNEN 80 PROZENT DER VEREINE KONKURS ANMELDEN.

BAYERN-PRÄSIDENT FRITZ SCHERER NACH DEM BOSMAN-URTEIL

Alle Tore des Jahres:

1971: Ulrik Le Fevre (Borussia Mönchengladbach)
Spielt zwei Verteidiger im Strafraum aus, indem er den Ball dreimal in der Luft jongliert, fetzt die Kugel per Aufsetzer flach ins lange Eck.

1972: Günter Netzer (Deutschland)
Doppelpass mit Gerd Müller, der legt per Hacke auf, Netzer trampelt heran und trifft unter die Latte.

1973: Günter Netzer (Borussia Mönchengladbach)
Freistoß. Jupp Heynckes lupft den Ball kurz an, Spannstoß Netzer in den Winkel.

1974: Erwin Kostedde (Kickers Offenbach)
Ball an der Strafraumgrenze mit der Brust angenommen und volley mit links und Schmackes zwischen die Pfosten.

1975: Klaus Fischer (FC Schalke 04)
Fallrückzieher I – noch vom Rücken eines Verteidigers abgefälscht.

1976: Gerd Müller (Bayern München)
Flugkopfball in den Winkel.

1977: Klaus Fischer (Deutschland)
Fallrückzieher II – diesmal in gefühlten 30 Metern Höhe. Auch Tor des Jahrzehnts, Tor des Vierteljahrhunderts, Tor des 20. Jahrhunderts.

1978: Rainer Bonhof (Deutschland)
Freistoß-Hammer unter die Latte.

1979: *Harald Nickel (Borussia Mönchengladbach)*
Torwart-Abschlag mit der Brust mitgenommen, zweimal aufspringen lassen und aus 30 Metern an die Unterkante der Latte geklebt.

1980: *Karl-Heinz Rummenigge (Bayern München)*
Ball im Strafraum durch die Abwehr jongliert und mit dem vierten Kontakt über den Torwart gelupft.

1981: *Karl-Heinz Rummenigge (Deutschland)*
Fallrückzieher im WM-Qualifikationsspiel gegen Finnland.

1982: *Klaus Fischer (Deutschland)*
Fallrückzieher III im WM-Halbfinale gegen Frankreich.

1983: *Jürgen Wilhelm (Hassia Bingen)*
Seitfallzieher im Oberliga-Spiel gegen FC Homburg.

1984: *Daniel Simmes (Borussia Dortmund)*
Sololauf aus der eigenen Hälfte an sechs Gegenspielern und dem Torwart vorbei. Zwei Jahre später von Maradona kopiert.

1985: *Pierre Littbarski (1. FC Köln)*
Dribbling über links, Schuss im Fallen. Torwart hält. Litti steht auf, stochert mit zwei Verteidigern an der Torauslinie um die Wette. Säbelt das Ding irgendwie ins kurze Eck.

1986: *Stefan Kohn (Arminia Bielefeld)*
Fallrückzieher-Aufsetzer vom Fünfmetereck nach Flanke mit Überlänge.

1987: Jürgen Klinsmann (VfB Stuttgart)
Fallrückzieher gegen die Bayern Pflügler und Pfaff.

1988: Jürgen Wegmann (Bayern München)
Seitfallsprungrückzieher. Das können nur Kobras. Hätte nicht mal Gerd Müller geschafft.

1989: Klaus Augenthaler (Bayern München)
Von der Mittellinie mit Auge und Gefühl über Torwart Uli Stein hinweg. Auch Tor des Jahrzehnts.

1990: Lothar Matthäus (Deutschland)
Solosprint von der Mittellinie an halbherzigen Jugoslawen vorbei, Flachschuss, drin.

1991: Andreas Müller (FC Schalke 04)
Fallrückzieher aus elf Metern.

1992: Lothar Matthäus (Bayern München)
Volleygeschoss an die Latten-Unterkante.

1993: Jay Jay Okocha (Eintracht Frankfurt)
Jay Jay gibt den Okocha-cha mit Oliver Kahn und ungefähr einem Dutzend anderer KSC-Tanzpartner.

1994: Bernd Schuster (Bayer Leverkusen).
Weitschuss von Höhe der Mittellinie. (Nach seiner Rückkehr aus Spanien macht Schuster innerhalb von acht Monaten drei Tore des Monats. Diese landen bei der Wahl zum Tor des Jahres auf den Plätzen eins bis drei. Und der Weitschuss wird auch noch Tor des Jahrzehnts.)

1995: Jean-Pierre Papin (Bayern München)
Seitfallzieher.

1996: Oliver Bierhoff (Deutschland)
Das hässlichste aller Tore des Jahres: Irgendwie findet das Ding den Weg über die Linie – es war halt das Golden Goal im EM-Endspiel.

1997: Lars Ricken (Borussia Dortmund)
Mit seinem ersten Ballkontakt überlupft er 14 Sekunden nach seiner Einwechslung den Torwart von Juventus aus 40 Metern und entscheidet damit das Champions-League-Finale.

1998: Olaf Marschall (1. FC Kaiserslautern)
Fallrückzieher.

1999: Giovane Elber (Bayern München)
Stibitzt Rostocks Torwart Pieckenhagen an der Eckfahne den Ball und schlenzt die Kugel von dort mit links ins Tor.

2000: Alex Alves (Hertha BSC Berlin)
Anstoß nach einem Gegentreffer, Schuss aus 50 Metern über den immer noch jubelnden Torhüter hinweg, drin.

2001: Kurt Meyer (Blau-Weiß Post Recklinghausen)
siehe oben

2002: Benjamin Lauth (Deutschland)
Fallrückzieher gegen die Bundesliga-Allstars in einem Benefiz-Spiel zugunsten der Flutopfer.

2003: Nia Künzer (Deutschland)
Nicht schön, aber wichtig und kurios: Kurz zuvor eingewechselte Verteidigerin köpfte die deutschen Frauen zum WM-Titel. (Fünftes Tor des Monats einer Frau. Erstes und einziges weibliches Tor des Jahres.)

2004: *Klemen Lavric (Dynamo Dresden)*
Fallrückzieher.

2005: *Kasper Bøgelund (Borussia Mönchengladbach)*
Volleydrehschuss

2006: *Oliver Neuville (Borussia Mönchengladbach)*
Die Fritz-Walter-Gedächtnis-Hacke:
Mit dem Rücken zum Tor. Im Sprung. In den Winkel.

Rangliste der Torschützen des Monats (Stand Oktober 2007)

8 Lukas Podolski
7 Jürgen Klinsmann
6 Karl-Heinz Rummenigge, Mario Basler, Klaus Fischer
5 Gerd Müller, Rudi Völler
4 Günter Netzer, Manfred Burgsmüller, Lothar Matthäus, Oliver Bierhoff
3 Bernd Nickel, Jupp Heynckes, Reiner Bonhof, Pierre Littbarski, Michael Rummenigge, Matthias Herget, Klaus Allofs, Thomas Häßler, Karl-Heinz Riedle, Andreas Möller, Bernd Schuster, Paulo Sergio, Mehmet Scholl, Bernd Schneider

Fußball wetten dass …? 91. Sendung • 10. Dezember 1994, Basel •

Wetten, dass Florian Lau 198 Fußballspieler der Saison 1993/94 an deren Haaransätzen erkennen kann? •
Ornella Muti tippt: Ja. • Einsatz: Thomas Gottschalk eine Filmohrfeige geben. • Ausgang: Ja. •

84 Dollar für den guten Zweck

Rudi Gutendorf zahlte 84 Dollar für sein Telegramm von Tansania nach Yaounde. Mit dem Schreiben nahm er das Angebot an, das Kameruner Nationalteam bei der Weltmeisterschaft 1982 zu coachen. Riegel-Rudi bereitete sich bereits voller Vorfreude auf sein erstes WM-Turnier vor. Doch dann erfuhr er, dass der Kameruner Verband den Franzosen Jean Vincent verpflichtet hatte. »Weil Gutendorf uns keine Zusage gegeben hat, konnten wir nicht länger warten«, hieß es aus Yaounde. Gutendorfs Pech: Der Postbeamte im sozialistischen Tansania hatte die 84 Dollar in die eigene Tasche gesteckt und das Telegramm anderweitig entsorgt.

87-mal Platz zum Kicken

Der größte Bolzplatz der Welt steht in London. 87 Fußballfelder an einem zusammenhängenden Stück. Wie im Traum. Tor an Tor. Jeder Fehlschuss fliegt zwangsläufig in den Strafraum des nächsten Platzes. Seitenlinie an Seitenlinie. Jeder Befreiungsschlag ins Aus landet unweigerlich im Spiel nebenan. Hier fighten an Wochenenden 100 Mannschaften gleichzeitig um Punkte in ihren Kneipen-Ligen, hier hat auch schon David Beckham Freistöße aufs Nebenfeld gezwirbelt. Wer den Tor-an-Tor-Traum an der Homerton Road erleben will, kann unter der Telefonnummer 020-8985 8206 einen Platz buchen. 87 Plätze, das macht mehr als 52 Hektar. Poor Platzwart! Und wehe jener Mannschaft, deren erboster Trainer bellt: »Zur Strafe lauft ihr einmal um die Sportanlage.«

90 Minuten? 90 Tage!

In der 43. Minute des Ligaspiels gegen Real Madrid ging der Außenseiter CA Osasuna in Führung. Drei Monate später glich Hugo Sanchez zum 1:1 aus. Wie er das gemacht hat? Das Spiel wurde in der 43. Minute abgebrochen, die restlichen 47 Minuten wurden kurz vor Saisonende fertig gespielt. Sechs Jahre später, 1995, trafen sich der FC Valencia und Deportivo La Coruna, um mal eben elf Minuten nachzuholen, die sie zwei Tage zuvor nicht mehr auf die Reihe gebracht hatten. Es war das Pokalfinale.

96 Stunden hinter Gittern

Zwei Wochen vor der WM 1970 wurde Englands Kapitän Bobby Moore in Kolumbien unter den Augen der Presse verhaftet, weil er angeblich ein Juwelen-Armband aus einem Schmuckgeschäft gestohlen hatte. Er verbrachte vier Tage im Gefängnis von Bogotà, in dieser Zeit organisierte er Trainingseinheiten mit dem Wachpersonal und Kindern aus der Nachbarschaft. Das brachte ihm derart viele Sympathien ein, dass die Bevölkerung bald seine Freilassung forderte. Nach 96 Stunden durfte er vorläufig wieder zu seinem Team, obwohl sich erst danach herausstellte, dass er in eine Falle geraten war: Erpresser hatten Geld von ihm gefordert in der Hoffnung, Moore wolle negative Berichterstattung vermeiden. Er blieb aber hart – und war nach der Affäre populärer denn je.

100 Länderspiele auf dem Buckel

100 Länderspiele auf dem Buckel? Das hatten vor Andreas Herzog schon etliche Spieler. Aber mit der Nummer 100 auf dem Rücken spielen, das durfte vorher keiner bei einem offiziellen Länderspiel.
Der Österreicher hatte sich vor seinem Jubiläumsspiel am 20. November 2002 eine Ausnahmegenehmigung bei der FIFA besorgt. Die Partie im Wiener Hanappi-

Stadion gegen Norwegen ging mit 0:1 verloren.

105 Jahre länderspielfreie Zone

Unzählige Fußballfeste wurden auf dem Gladbacher Bökelberg gefeiert. Allen voran die Europapokal-Nacht 1971, in der die Borussia den amtierenden Weltpokalsieger Inter Mailand wie eine Geburtstagstorte in Stücke zerlegte – 7:1. Ein Länderspiel fand in dem legendären Stadion allerdings nie statt. Der DFB machte 105 Jahre lang einen Bogen um das Städtchen am Rhein. Kein WM-Spiel 1974 und 2006, kein EM-Spiel 1988, kein Qualifikationsspiel gegen irgendeinen Zwerg, nicht einmal ein lumpiges Testspiel.

Erst als der Bökelberg abgetragen war, tauchte die Nationalelf in der Stadt der Fohlen auf. Im Borussiapark fand am 8. Juni 2005 ein Vorbereitungsspiel für den Confederations-Cup statt. Ein Testspiel für ein Testturnier. Deutschland und Russland trennten sich 2:2 – wahrlich ein Großereignis.

In Frankfurt fanden dagegen tausend Länderspiele statt. Darunter unvergessene Ereignisse wie das Wassermassen-Halbfinale bei der WM 1974 gegen Polen (1:0) oder die Nicht-Begegnung 1978 mit Ungarn, die nach einer Stunde wegen Nebels beim Stand von 0:0 abgebrochen wurde. Die schöne Tradition aus dem Waldstadion wurde 2005 im Finale des Confed-Cups in der Commerzbank Arena fortgesetzt: Der Regen plätscherte durch das Dach in Niagara-Fällen aufs Spielfeld.

P.S. In der ewigen Tabelle der Bundesliga (Stand: 21.5.2007) ist Borussia Mönchengladbach Siebter mit 203 (!) Punkten mehr als der Zehntplatzierte Eintracht Frankfurt.

P.P.S. Der DFB hat sein Hauptquartier in Frankfurt, und zwar so nah am Waldstadion, dass selbst ein Funktionärsopi sich von seinem Sessel aus dorthin schleppen kann.

Fußball wetten dass ...? *121. Sendung* • 29. Januar 2000, Leipzig •

Wetten, dass Stefan Gallus aus Paderborn es schafft, anhand eines beliebigen 3-Sekunden-Ausschnitts von 6 aus 505 WM-Spielen die Paarung, das Jahr und das Ergebnis zu benennen? •

Franz Beckenbauer tippt: Nein. • Einsatz: Beckenbauer wird sein Lied »Gute Freunde kann niemand trennen« singen. • Ausgang: Nein.

130 Kilo – ein leichtfüßiger Zwischenruf

Also wat der Franz
kann kann isch schon
lange isch han fünf
kinner un drei Enkel-
kinner dat kann sisch
doch sehe lasse kann sisch
dat un meine jetzije Frau dat is
schon meine dritte is zweiunzwan-
zisch Jahre jünger als isch un se is dat
muss isch jetzt mal janz klar sajen in jeder
Hinsischt zufrieden mit mir isch wiederhole in
jeder der Franz un isch wir sin doch als underducks
auf de welt jekomme isch war spielä bei Frechen
zwanzisch und nach meiner schwer Verletzung han isch
die B-Jujend als Trainä zum Meister von de janze
Mittelrhein jemacht damals war isch neunzehn un dann
hat misch Bayä Läväkusä zum Jujendleitä und Stadion-
schpreschä jemacht abä nit lange dann war isch Mädsche für
alles un danne Mänätschä un jetz bin isch de Big Boss un
Ritter des Humors der Wiesdorfer Rheinkadetten dat is doch
ne telläwäschä-karrierä vom allerfeinsten is dat doch dat
schaffste nur wenn de dreck fressen kannst un die arme hoch
krempeln wie dä Berti un dä Ramelow dat immer jemacht
han abä heutzutag jibt et doch in dä Bundeslija viel zu viele
Jammertitten ach was sach isch in janz deutschland is dat
doch so mann waren dat noch zeiten als de mauer jefallen
is un ich mit volljas rübä jemacht un den Kirsten un den
Thom jekauft dat is absolut fußballbekloppt so muss dat
doch janz klar sein un nich anders un wär dat sau-
dumme Eijentor vom Ballack nit jewesen in Unter-
haching dann wär Bayä janz klar janz groß
rausjekomme und dä Mischa wär heut
noch janz klar in Läväkusä un dä

Höness hat den doch nur aus Dankbarkeit jekauft hat der den so abä hat dann dä pechsträhne anjefange dat war ja keine strähne mehr dat war schon ne absolutä pechmähne war dat doch un dä einzige den das ausse Bahn geworfen hat war doch janz klar isch weil isch kann nit verlierä auch nit beim Kartenspielä un weil isch halt so ein absolutä Stressfressä bin is dat doch kein wunder wenn se alle rufen im stadion »ohne calli wär dat stadion leer« bis isch misch janz klar erschreckt han als isch misch im Fernsehen jesehen han un jetzt gibt et dat Kampfschwein Calli nit mehr jetz wieg isch janz klar nur noch läppische 130 Kilo un weil et mir wiedä besser jeht bin isch jetzt bei Fortuna einjestiegä und jeb janz klar so viel volljas wie damals und die leut sajen zu mir mensch calli mach doch mal nen punkt nix da sach isch werd doch keinen punkt machen wenn dann nur ne kleine atempause ...

132 Sekunden ...

... brauchte Nikolce Noveski am 19.11.2005, um Eintracht Frankfurt beim FSV Mainz mit 2:0 in Führung zu bringen (Endstand: 2:2); und seit dem Anpfiff waren da noch keine 5 Minuten vergangen. Das wäre an sich schon einen Platz in den Annalen wert. Ein Rekord wird es aber erst dadurch, dass der Mazedonier für Mainz 05 spielte, also 2 Eigentore fabrizierte. Folgt man der physikalischen Definition – Leistung ist Arbeit pro Zeiteinheit –, ist Noveski damit der leistungsfähigste Eigentor-Doppelschütze der Bundesliga-Geschichte, denn seine 4 Vorgänger brauchten jeweils länger, wobei Gerd Zimmermann von Fortuna Köln sich mit 2 Eigentoren in 6 Minuten eigentlich schon den ewigen Rekord gesichert zu haben schien. Auffallend an den bisher 5 Doppelpacks: 4 von 5 Schützen ließen sich, einmal in Fahrt, weder von Freund noch von Feind dazwischenfunken; und 3 der 5 deprimierenden Aussetzer fanden im dafür geeignetsten Monat statt, dem November.

Die Doppel-Deppen im einzelnen:

Dieter Pulter	(1. FC Kaiserslautern) am 9.11.1963 beim 1:3 gegen Stuttgart (10. + 31. Minute zum 1:1 und 1:2; das 1:0 hatte übrigens der Stuttgarter Willi Entenmann ebenfalls per Eigentor erzielt)
Gerd Zimmermann	(Fortuna Köln) am 17.11. 1973 beim 0:4 beim HSV (24. + 30. Minute zum 1:0 und 2:0)
Per Roentved	(Werder Bremen) am 28.8.1976 beim 0:2 in Saarbrücken (3. + 85. Minute)
Dieter Bast	(VfL Bochum) am 2.2.1980 beim 2:3 in Gladbach (53. Minute zum 1:2 und 93. Minute zum 3:2). Bast verspielte also fast im Alleingang die 2:0-Auswährtsführung des VfL.
Nikolce Noveski	(Mainz 05) am 19.11.2005 beim 2:2 gegen Eintracht Frankfurt (2. und 5. Minute zum 0:1 und 0:2).

Nach seinem Rekord-Doppel-Eigentor versuchte Noveski, auch noch einen anderen Rekord einzustellen, nämlich den von Chris Nicoll (Aston Villa): Der erzielte 1976 beim 2:2 gegen Leicester City alle 4 Tore. Noveski sorgte immerhin noch für den Anschlußtreffer gegen Frankfurt – das 2:2, das ihn endgültig zum Mainzer Ruhm-Mann gemacht hätte, klaute ihm dann sein Mannschaftskollege Petr Ruman.

Noveski beteiligt sich übrigens ganz gerne, in alle Richtungen schießend und treffend, an Bundesligaspielen mit hoher Eigentorquote: Am 14. Mai 2005 gegen Kaiserslautern sorgte er – nach dem Eigentor des Lauterers Mettomo – zunächst für den Ausbau der Mainzer Führung zum 3:1 – und brachte seine Mannschaft dann in der 87. Minute mit einem Eigentor wieder ins Wackeln. Es blieb aber beim 3:2.

138-Sekunden-Alptraum

Bayern München führt im Champions-League-Finale 1999 in Barcelona bis in die 91. Minute absolut verdient mit 1:0, zuvor traf Scholl per Lupfer den Pfosten und Jancker per Fallrückzieher die Latte. »Es ist vorbei, da geht nichts mehr schief«, sagt Karl-Heinz Rummenigge. Dann macht Manchester United in der Nachspielzeit innerhalb von 138 Sekunden zwei Tore. »Das darf es nicht geben«, ruft Marcel Reif. United-Trainer Alex Ferguson fasst das Geschehen in drei Worten zusammen: »Football. Bloody hell.«

158 Länderspieltore

Den Weltrekord der meisten Tore in international anerkannten Länderspielen hält ein Superstar aus den USA: Mia Hamm. Sie debütierte mit 15 Jahren im Frauen-Nationalteam und beendete ihre Karriere 2004 im Alter von 32 Jahren. In dieser Zeit holte sie unzählige Titel und erzielte 158 Länderspieltreffer – eine Marke, die so schnell kein Mann und keine Frau brechen wird. Nachfolgend die zehn wichtigsten Frauen der Fußball-Geschichte:

1. Mia Hamm (USA) – der Superstar:
Weltfußballerin des Jahrhunderts, Rekordtorjägerin, Multimillionärin.

2. Birgit Prinz (Deutschland) – die Bomberin: Deutschlands Rekord-Nationalspielerin (173 Einsätze) und -Torschützin (116 Treffer), Weltfußballerin der Jahre 2003 bis 2005, schlug ein Millionen-Angebot des italienischen Männer-Erstligisten AC Perugia aus.

3. Kristine Lilly (USA) – die Legende: zweimal Olympiasiegerin, zweimal Weltmeisterin, spielte 1995 als einzige Frau in der Continental Indoor Soccer League mit, eine der Gründerinnen der US-Profiliga WUSA, mit mehr als 280 Länderspieleinsätzen die Weltrekordhalterin der Männer und Frauen.

4. Dr. Carolina Morace (Italien) – die Allrounderin: 150-malige Nationalspielerin, Fußball-TV-Moderatorin, erste Trainerin einer Männer-Profi-Mannschaft und promovierte Juristin.

5. Brandy Chastain (USA) – die Stripperin: machte im WM-Finale 1999 das Siegtor und riss sich danach das Trikot vom Leib.

6. Sissi (Brasilien) – die Ballzauberin: Südamerikas Fußballerin des Jahrhunderts, als Mittelfeld-Akteurin Torschützenkönigin der WM 99, in die sie mit einem Hattrick startete.

7. Michelle Akers (USA) – die Pionierin: prägte die Anfänge des internationalen Fußballs wie keine andere, bekam als erste Frau einen eigenen Werbevertrag sowie von der FIFA den Order of Merit.

8. Tina Theune-Meyer (Deutschland) – die Trainerin: erhielt 1985 als erste Frau die DFB-Fußballehrer-Lizenz, wurde 1996 erste Nationaltrainerin (zweimal Europameister, einmal Weltmeister), spielte aber selbst nie in der Nationalelf.

9. Hanna Ljungberg/Victoria Svensson (Schweden) – die Torfabrik: Auf diesem Sturmduo beruhen die großen Erfolge der schwedischen Nationalelf. Diese beiden wollte der AC Perugia zuerst verpflichten, erst danach buhlte der Männer-Erstligist um Birgit Prinz.

10. David Beckham (England) – die Dessous-Fetischistin: Spezialistin für Flanken, Freistöße und verschossene Elfmeter. Von allen Unterwäsche-Trägerinnen die am schlechtesten gekleidete.

Sein Umgang mit dem Ball lässt sich mit Worten nicht beschreiben. Diego Armando Maradona muss man einfach gesehen haben (vor allem seinen Zwergen-Slalom bei der WM 1986 gegen sechs hilflose Engländer). In Zahlen jedoch lässt sich seine Einmaligkeit durchaus ausdrücken, auch wenn die Fußball-Kunst des Maestros dabei definitiv zu kurz kommt.

Maradona war der kleinste Weltstar mit den größten Gewichtsschwankungen, er brummte die meisten Sperren wegen Drogenkonsums ab (1991, 1994 und 1997), gab die meisten Comebacks (sieben) und ist bis heute definitiv der am öftesten gefoulte Spieler aller Zeiten. Der Goldjunge (»El Pibe de Oro«) war bereits als Jugendlicher ein Riese: Zehn Tage vor seinem 16. Geburtstag debütierte er für die Argentinos Juniors in der Ersten Liga. Sein erstes Länderspiel machte er als 16-Jähriger. Insgesamt trug er 91-mal das Nationaltrikot, dabei schoss er 34 Tore und war 57-mal Kapitän.

Als er 1982 als 22-Jähriger von Boca Junior Buenos Aires zum FC Barcelona wechselte, war er bereits fünfmal Torschützenkönig der ersten argentinischen Liga gewesen. Die Ablösesumme in Höhe von 19,2 Millionen Mark war damals Weltrekord, die 20 Millionen für den Transfer zum SSC Neapel auch nicht schlecht. Der Wuschelkopf war sechsmal Südamerikas Fußballer des Jahres (1979, 1980, 1986, 1989, 1990, 1992), nach dem WM-Sieg 1986 wurde er gar zum Weltsportler des Jahres gekürt. In 21 WM-Spielen machte er acht Tore. Und

Fußball wetten dass ...?

123. Sendung • 25. März 2000, Duisburg •
Wetten, dass Michael Seyberth innerhalb von 90 Sekunden 11 Biergarten-Klappstühle mit einem Fußball so trifft, dass sich die Stühle aufstellen? • Ottmar Hitzfeld tippt: Ja. • Ausgang: Ja.

dann ist da noch die 100-köpfige Glaubensgemeinschaft der Diegorian Brothers, die Weihnachten am 30. Oktober – Maradonas Geburtstag – feiern und einen eigenen Kalender haben: Ihre Zeitrechnung beginnt 1960, Argentinien wurde demnach nicht im Jahre 1986 Weltmeister, sondern 26 A.D. (after Diego).

Das 178-Kilogramm-Hindernis

Der schwerste Nationalspieler aller Zeiten war der englische Torwart William »Fatty« Foulkes. Zu Beginn seiner Karriere 1894 wog der 1,90-Mann 94 Kilogramm. 13 Jahre später brachte er 178 Kilo auf die Linie. Wenn er sein Tor verließ, bebte der Boden, das Stadion verdunkelte sich und die Stürmer gaben den Ball freiwillig her. Die Schuhe ließ er sich von seinen Mitspielern binden, wofür er sich in Diensten von Chelsea auf seine gemütliche Art bedankte: Er ging als erster in die Kantine und verputzte alle elf Frühstücke. Als er einmal nach einer seiner spektakulären Paraden verletzt liegen blieb, eilten zwei Sanitäter herbei und wollten ihn vom Platz tragen. No way. Sechs Mann mussten anpacken, um Fatty von der Stelle zu wuchten. Das »Mammut von Sheffield United«, wie Foulkes auch noch genannt wurde, war nicht nur populär, er war richtig gut. Mit Sheffield wurde er einmal englischer Meister und zweimal F.A.-Cup-Sieger. Einmal hütete er gar den Kasten der Nationalmannschaft.

200ff – der Videotext und seine sportlichen Seiten

Schwarz-grün-gelb-blau leuchtet der Mikrokosmos der Zahlen und Fakten, der aus keinem Bundesliga-Samstag wegzuschalten ist. In jeder Werbepause der Sportschau geht es ab ins dritte Programm, um Ergebnis und Tabellenstand vom FC Ingolstadt (Regionalliga), FC Pipinsried (Landesliga Süd) und SC Oberweikertshofen (Bezirksliga Süd) abzuchecken.

Auch in EM- oder WM-Wochen ist der Videotext ein wichtiger Freund und Helfer. Wie steht es nun gleich wieder in Gruppe 3? Grün auf schwarz gibt uns die Kiste Auskunft, 24 Stunden am Tag, ohne Schnickschnack, korrekt und vor allem kostenlos. Klar, dass der kleine nachgeborene Bruder des Fernsehens 25 Jahre lang überlebt hat und selbst in Internet-Zeiten steigende Nutzerzahlen verzeichnet. 16 Millionen Deutsche informieren sich täglich via Videotext. Das sind mehr, als Google in einem Monat aufweisen kann.
Freilich haben die Kurznachrichten oft nicht nur Informations-, sondern auch Unterhaltungswert. Vor allem, wenn in der Videotext-Redaktionsstube mal wieder ein Nichtsportler Wochenend-Dienst schieben muss. Da können wir Zuschauerleser mathematisch durchaus dazulernen: »Der DFB-Elf reichte ein 0:0-Zittersieg gegen die Türkei.« Mitunter treffen wir auf fantasievolle Lyrik: »Die Werder-Führung hätte ein Kopfschuss von Baumann in Hälfte zwei sein können.« Oder, wie nach dem Meisterschaftsgewinn von Borussia Dortmund 2002, absolut scharfe Beobachtungen: »Die Fans der schwarz-gelben Borussia feierten ihre Mannschaft die ganze Nacht lang mit Autotorsos durch die Innenstadt.« Und dann war da noch jenes Spielfazit, das halb Analyse, halb Philosophie war: »Das glückliche Unentschieden hat 1860 vor einer Niederlage bewahrt.« Herberger lebt – zumindest im Videotext.

Josefs 207 Schäfchen

Die Komoren und Osttimor sind Ende 2005 als die Mitglieds-Verbände 206 und 207 der FIFA beigetreten. Ekstatischen Jubel löste dies vor allem in Amerikanisch-Samoa aus: Die Inselkicker vom Pazifik haben damit mit einem Schlag den Sprung vom letzten auf den drittletzten Platz der Weltrangliste geschafft. Wenn das keinen Fußball-Boom unter den 40 000 Einwohnern auslöst? Die ersten italienischen Talent-Scouts sollen schon unterwegs sein.
Hier die offizielle Top Twenty-one der Fußball-Zwerge – aber Vorsicht: Leichte Gegner gibt es nicht mehr.

188. Zentral Afrikanische Republik
188. Cayman Inseln
190. Macau
190. Afghanistan
190. Guinea-Bissau
193. Somalia
194. Färöer Inseln
195. Puerto Rico
196. San Marino
197. Bhutan
197. Anguilla
199. Cook-Inseln
200. Djibouti
200. Amerikanisch Samoa
200. Osttimor
200. Guam
200. Belize
200. São Tomé und Principe
200. Aruba
200. Amerikanische Jungferninseln
200. Montserrat

250 Pkw für 300 Funktionäre

Wir Deutschen durften die WM ausrichten? Nein, wir mussten. Und zwar exakt so, wie das die Mutter der Weltmeisterschaften verlangte. »Zwei Privatjets, zwei Limousinen, 250 Pkw und fünf bis sechs Busse«. Das waren nur einige der Forderungen, die die allmächtige FIFA in ihrem »Pflichtenheft für den ausrichtenden Verband« auflistete. Dabei achtete der Übervater aller Dachverbände nicht nur auf Mobilität. »100 Mobiltelefone und zehn

Fernsehgeräte« hatten bereitzustehen, selbstverständlich alles auf Kosten des Gastgebers. Die Hotelzimmer zahlte die Großtante der Großzügigkeit selbst – allerdings nur in Höhe des eingefrorenen Zimmerpreises vom 1. Januar 2006 minus 20 Prozent. All das hatte sich Sepp Blatter fest zusagen lassen, wie auch die staatliche Befreiung von Abgaben, Gebühren und Steuern. Erst als der Kanzler die Lizenz zum Gelddrucken unterzeichnet hatte, öffnete Blatter den Umschlag und sprach »Deutschland«. Aber halt, der Onkel der Basis hatte die Fans nicht vergessen und dachte auch an den Komfort der Zuschauer: Die Rückenlehnen mussten mindestens 30 Zentimeter hoch sein. Und ein Stadionbesucher durfte nicht mehr als drei Bier bestellen. Das, ihr lieben Außerirdischen von der FIFA, wäre eigentlich ja kein Problem gewesen, da mehr als drei Budweiser am Stück kein Mensch trinken kann und will. Aber wusstet ihr schon, dass im Stadion immer einer für alle Bier holen geht, der entweder der jüngste ist oder eine Wette verloren hat? Und dass der Rest der Gruppe froh ist, dass er sitzen bleiben und das Spiel weiter anschauen kann? Tja, liebe Wickelkinder der Weisheit, dank eurer Fürsorge muss jetzt immer jeder vierte mit. Wundert euch nicht, wenn die Schlangen vor den Kiosken zu lang sind. Und die Stadien leer.

300 Pfund für den beidfüßigen Bowles

Englands Nationalspieler Stan Bowles trug 1977 während eines Länderspiels gegen die Niederlande einen Adidas- und einen Gola-Schuh. Aus Verlegenheit, weil beim Aufwärmen einer aus dem Leim gegangen war? Aus orthopädischen Gründen, weil er verschieden große Füße hatte? Nö, aus reiner Geldgier. Adidas hatte Bowles 300 Pfund geboten, damit er in Wembley mit den drei Streifen aufläuft. Der Mann von Queens Park Rangers hatte aber schon einen Vertrag mit Gola. Bowles löste den Konflikt aus optischer Sicht zwar eher unelegant, aber durchaus effektiv: 90 Minuten lang hatten die Fabrikate seiner Vertragspartner mehr Aufmerksamkeit, als diese zuvor erwartet hatten.

Der Teufel trägt bekanntlich die Rückennummer 666 – und ist Spezialist für ebenso überraschende wie todtraurige Spielertransfers.

John Thomson (geb. 28. Januar 1909, gest. 5. September 1931)
Im Glasgower Fußballstadion Ibrox Park läuft am Samstag, 5. September 1931, die 50. Minute des Liga-Spiels Celtic Glasgow gegen Glasgow Rangers. Beim Stand von 0:0 fliegt eine flache Hereingabe in den Strafraum der Celtic-Mannschaft. Deren Goalkeeper John Thomson hechtet dem Ball entgegen. Dabei stößt sein Kopf mit dem Knie des Rangers-Mittelstürmers Sam English zusammen. Thomson bleibt bewusstlos und blutend liegen. Er wird vom Feld getragen und ins Victoria Hospital gebracht. Die Ärzte diagnostizieren einen Schädelbruch. Um 21.25 Uhr verstirbt John Thomson, ohne noch einmal zu Bewusstsein gekommen zu sein. Das Spiel endet 0:0, seinem Gegenspieler Sam English wird keine Schuld zugesprochen.
John Thomson war 22 Jahre alt und hatte vier Länderspieleinsätze für Schottland absolviert. Schon vor seinem letzten Spiel hatte er den Kosenamen »Prince of goalkeepers«, seiner Beerdigung in Cardenden wohnten 40 000 Menschen bei. Noch heute kennt jeder Celtic-Fan den »John Thomson Song«, der regelmäßig bei Spielen gesungen wird. Die letzte Strophe lautet:

»So come all you Glasgow Celtic,
Stand up and play the game,
For between your posts a spirit stands,
Johnny Thomson is his name«

Andres Escobar (geb. 13. März 1967, gest. 2. Juli 1994)
Im Vorrundenspiel der Fußball-Weltmeisterschaft 1994 gegen die Vereinigten Staaten von Amerika unterläuft Kolumbiens Ab-

wehrspieler Andres Escobar in der 35. Minute ein Eigentor zum 0:1. Das Spiel im Rose Bowl Stadion von Los Angeles (Pasadena) endet 2:1 für die USA. Kolumbien scheidet als Tabellenletzter der Vorrundengruppe A aus. Zehn Tage nach seinem Eigentor, am 2. Juli um 3.30 Uhr morgens, wird Escobar in Medellin auf dem Parkplatz des Restaurants Salpicon ermordet. Die Täter geben zwölf Schüsse ab, einer der Männer ruft nach Aussage eines Augenzeugen: »Danke für das Eigentor.« Die Mörder werden nie gefunden, der Verdacht fällt schnell auf das kolumbianische Drogen-Kartell, das viel Geld auf die Nationalelf gewettet haben soll.
Escobars Tod ist nicht der einzige, der der Mafia zugeschrieben wird; 1984 wurde ein kolumbianischer Minister getötet, nachdem er zuvor erklärt hatte: »Die Mafia hat unseren Fußball übernommen.« 1989 musste Schiedsrichter Daniel Ortega sterben, weil er ein Liga-Spiel regelgerecht geleitet hatte. Die Drogenbosse hatten angeblich ein anderes Ergebnis erwartet.

Duncan Edwards (geb. 1. Oktober 1936, gest. 21. Februar 1958)
Zwei Startversuche haben sie auf der schneebedeckten Rollbahn des Flughafens München-Riem bereits abgebrochen. Die Piloten der Airspeed Ambassador versuchen es ein drittes Mal. Dabei fällt die Tachometer-Nadel plötzlich von 117 Knoten pro Stunde auf 105. In diesem Moment schreit Co-Pilot Ken Rayment: »Christ.... wir schaffen es nicht!« Auch Flugkapitän James Thain weiß, dass der »Point of no return« überschritten ist. Die zweimotorige Propeller-Maschine der British European Airways (BEA) ist zu schnell, um vor dem Ende der Startbahn anzuhalten, und zu langsam zum Abheben. Thain presst dennoch die bereits voll geöffneten Gashebel mit aller Kraft von sich und zieht das Fahrwerk ein. Rayment reißt das Steuerhorn zurück, um das Flugzeug in die Luft zu bekommen. Am 5. Februar 1959 um 15.04 Uhr durchschlägt die Zulu Uniform-609 den Begrenzungszaun des Flughafens München-Riem und segelt quer über

die Emplstraße von Kirchtrudering. Die Backbordtragfläche stößt gegen ein Wohnhaus und bricht ab. Treibstoff tritt aus, das Haus fängt sofort Feuer. Die Maschine schlittert über den Schnee und prallt gegen einen Baum. Im Cockpit wird Rayment in seinem Sitz eingeklemmt. Neben ihm hängt, mit dem Kopf nach unten, Thain am Cockpitrahmen. Die Maschine dreht sich am Boden, prallt gegen eine Garage und verliert ihr Heck. Dann kommt das Wrack zum Stillstehen. Flugkapitän Thain klettert nach draußen und verhindert mit dem Feuerlöscher eine Explosion. 23 von 44 Insassen überleben den Unfall nicht. Unter den Toten sind die Fußballspieler von Manchester United Geoff Bent, Roger Byrne, Eddie Colman, Mark Jones, David Pegg, Billy Whelan und Tommy Taylor. Am Tag zuvor waren sie mit einem 3:3 bei Roter Stern Belgrad ins Halbfinale des Europapokals eingezogen. Der jüngste und ambitionierteste Spieler, Duncan Edwards, stirbt 16 Tage später im Münchner Krankenhaus Rechts der Isar im Alter von 21 Jahren. Bei seiner Beerdigung sagt Reverend Dawson Catterell: »Talent und sogar Genialität werden wir noch einmal begegnen, aber es wird nur einen Duncan Edwards geben.« Am 14. Oktober 1999 wird in Edwards' Heimatgemeinde Dudley ein Denkmal zu dessen Ehren enthüllt. Seit dem 22. September 2004 erinnert ein Gedenkstein zwischen Emplstraße und Rappenweg an das Unglück.

819 polnische Staatsbürger ...

... durften 1982 ihr Land verlassen, um zur Weltmeisterschaft nach Spanien zu reisen. Allerdings hatten zuvor mehr als 100 000 Menschen einen Reiseantrag gestellt – die meisten mit dem Hintergedanken, der kommunistischen Diktatur zu entfliehen. Die Regierung wusste das und verlangte 150 000 Zloty für die Ausreise, was 18 Durchschnitts-Monatslöhnen entsprach. 819 Menschen schafften das Geld herbei und bestanden auch die Herz-und-Nieren-Prüfung des Geheimdienstes. Nach der WM kehrte die Nationalmannschaft um den Star Zbigniew Boniek zwar mit Platz 3, aber auch mit weniger als der Hälfte der Fans zurück.

1000 Tore, 3 WM-Titel, 1 Mann

Am 19. November 1969 läuten in ganz Brasilien die Kirchenglocken zu Ehren von Edson Arantés do Nascimento.

Der Nationalheld, der seit seiner Kindheit im Dorf Trés Coracóes nur Pelé gerufen wird, hat wieder einmal ein Tor geschossen. Sein tausendstes. Im 909. Auftritt – einem Ligaspiel gegen Vasco da Gama – trifft Pelé per Strafstoß nach Foul an ihm selbst.

13 Jahre zuvor, im zarten Alter von 15, hatte er den ersten Treffer seiner 21-jährigen Profikarriere gemacht. Als 16-Jähriger absolvierte er sein erstes Länderspiel und schoss prompt sein erstes Tor für Brasilien. Mit 17 war er bereits Weltmeister und hatte mit sechs Toren in vier Spielen maßgeblichen Anteil daran. Beim 5:2-Endspielsieg gegen Schweden traf er zweimal – das 3:1 war das Tor des Jahrtausends: Der Teenager steht mit dem Rücken zum Tor und pflückt einen 40-Meter-Pass mit dem Oberschenkel herunter. Noch bevor der Ball auf den Boden fällt, kickt er die Kugel mit dem Außenrist über den heranbrausenden Verteidiger hinweg. Pelé dreht sich und jagt den Ball volley unter die Latte. Das größte seiner 77 Tore für Brasilien, die er in 92 Länderspielen erzielte.

Pelé streichelte bei vier Weltmeisterschaften den Ball, dreimal küsste er am Ende den Siegerpokal. Von 1958 bis 1970 absolvierte Edson Arantes do Nascimento 14 WM-Spiele, mit zwölf Toren ist er der viertbeste WM-Torschütze hinter seinem Landsmann Ronaldo (15), dem »Bomber« Gerd Müller (14) und dem Franzosen Just Fontaine (13). Es hätten noch viel mehr Spiele und Tore sein können, doch er verletzte sich 1962 und wurde 1966 mutwillig zusammengetreten.

Obwohl es von seinen Toren und Dribblings weniger Fernsehbilder gibt als von späteren Stars wie Maradona oder Zidane, wurde Pelé mit überwältigender Mehrheit als Weltfußballer des Jahrhunderts ausgezeichnet. Es ist schon fast eine Beleidigung, Pelé mit Maradona zu vergleichen. Pelé machte viel mehr Spiele, kassierte dennoch viel weniger Rote Karten. Pelé steht für Fairplay und Seriosität, Maradona für die Hand Gottes und Skandale. Pelé war auch nach seiner aktiven Zeit stets erfolgreich und ist nach wie vor weltweit ein Idol, Maradona dagegen stürzte ab und geht allenfalls noch als Maskottchen durch.

1048 Mark für den Blick nach Bern

»Schauinsland W III«, so hieß das »Schwarzwälder Qualitätserzeugnis«, für das der Fernseh-Hersteller SABA zur WM 1954 warb. Die »Truhe« war für DM 1 248,— zu haben, das »Tischgerät« sogar schon für wunderbare DM 1048,—. Am 8. Mai 1954 waren genau 27 952 Fernsehgeräte angemeldet.

1142 Länderspielminuten ohne Gegentor

Dieser Rekord kann ja nur aus dem Catenaccio-Land kommen: 1 142 Minuten, also 12 Spiele und 62 Minuten, oder ein Jahr und neun Monate, blieb Torwart-Dinosaurier Dino Zoff in seinem grauen Trikot der Nationalmannschaft unbezwungen. Dann kam der 15. Juni 1974, und niemand geringerer als Emmanuel Sanon aus Haiti setzte der Serie von Dino Nazionale im WM-Vorrundenspiel im Münchener Olympiastadion ein Ende. Den Liga-Weltrekord hält der Brasilianer Mazaropi, der in der Saison 1977/78 das Tor von Vasco da Gama 1816 Minuten lang sauber hielt. Das sind 20 Spiele und 16 Minuten.

1329 Tore

Frage für den Stammtisch: Wer hält den Weltrekord im Toreschießen? Pelé, Gerd Müller oder Franz »Bimbo« Binder? Alles falsch. Arthur Friedenreich hieß der Mann, der zwischen 1912 und 1930 sagenhafte 1329 Treffer fabrizierte. Und es wären noch mehr geworden, wenn Brasiliens Staatspräsident Epitacio Pessoa 1921 Friedenreichs Auftritt bei der Copa America nicht verhindert hätte, weil er keine dunkelhäutigen Nationalspieler duldete. Das Apartheid-Team schied schnell aus, zwei Jahre zuvor hatte Friedenreich die Brasilianer noch zum Titel geschossen. Auch bei der WM 1930 fehlte »El Tigre«, weil der Regionalverband São Paulo nach einem Funktionärszwist die Freigabe seiner Spieler verweigerte. Dennoch ließ Friedenreich Pelé (1 284 Tore) und alle die anderen Bimbos und Bomber hinter sich. Vielleicht, weil er halb Deutscher und halb Brasilianer war? Der Sohn eines deutschen Einwanderers und einer schwarzen Wäscherin starb 1969 im Alter von 77 Jahren.

1 600 Beschlagnahmungen

Gewaltbereites Fußball-Publikum gibt es nicht etwa erst, seitdem britische Hooligans 1985 das Brüsseler Heysel-Stadion in ein Leichenhaus verwandelten. Schon beim ersten WM-Finale 1930 gab es vor dem Estadio Centenario von Montevideo Polizei-Kontrollen. Der Einsatz hat sich gelohnt: Die Beamten beschlagnahmten 1 600 Schusswaffen.

1860

57, 58, 59, 60,
ja so klingt's im Chor
57, 58, 59, 60,
und schon gibt's ein Tor
57, 58, 59, 60,
immer nur hinein
57, 58, 59, 60,
mein Verein für alle Zeit wird 1860 sein

Der Original-Münchner Sechzger-Marsch zeigt es: Keiner macht aus dem Gründungsjahr seines Vereins einen derartigen Kult wie die Fans des TSV 1860. Und kein Land hat so viele Klubs, die ihr Geburtsdatum im Namen tragen, wie Deutschland. Wenn das keine Gelegenheit zum heiteren Zahlenraten ist! Also, sollte der FC Bayern demnächst mal wieder langweilige Ergebnisverwaltung betreiben, dann veranstalten Sie doch – egal ob vor dem Fernseher oder auf der Tribüne – folgendes Quiz: Sie nennen allen Experten in Hörweite einen Vereinsnamen, und wer als erstes das Gründungsjahr nennen kann, bekommt einen Punkt. Super-Kenner können dieses Spielchen natürlich umdrehen: Genannt wird nur die Jahreszahl, zu erraten ist ein passender Verein. Viel Spaß!
(Und fragen Sie bitte nicht, warum es Dutzende Nullfünfer, Nullsiebener und Nullneuner gibt, aber kaum Nullsechser).

- Hamburger TS **1816**
- SSV Ulm **1846**
- VfL Bochum **1848**
- TSV **1860** München, TSV **1860** Rosenheim, FC Union **60** Bremen
- VfL Sindelfingen **1862**
- TSV Dachau **1865**
- ASV Bergedorf **85**
- Hamburger FC **88**
- Viktoria **89** Berlin
- Blau-Weiß **90** Berlin
- Victoria **91** Frankfurt/Oder
- Berliner **SV** 92
- FC Hanau **93**, FC Altona **93**, VfL **93** Hamburg, Düren **93**, FC **93** Mühlhausen
- Fortuna Düsseldorf **95**, FC Schönberg **95**
- Hannover **96**
- SV Darmstadt **98**
- Düsseldorfer SC **99**, TSG Hoffenheim **1899**, VfL **99** Köln,
- Holstein Kiel **1900**, Tasmania **1900** Berlin
- Offenbacher Kickers **1901**
- MSV Duisburg **02**
- SpVgg Greuther Fürth **1903**, SV Babelsberg **03**, SC **03** Kassel, FK **03** Pirmasens
- Bayer **04** Leverkusen, FC Schalke **04**, FV Würzburg **04**, SV Rastatt **04**, Wacker Berlin **04**, FC Siegen **04**
- FSV Mainz **05**, KFC Uerdingen **05**, SC Göttingen **05**, 1. FC Schweinfurt **05**, Eintracht Trier **05**, SV Emsdetten **05**, SV Dessau **05**, SpVgg Wilhelmshaven **05**
- FV Dresden **06**, SV Beuel **06**, Union **06** Berlin,
- Sportfreunde Hamborn **07**, SC Paderborn **07**, SV **07** Elversberg, Berliner AK **07**, SC **07** Bad Neuenahr, SpV **07** Ludwigsburg, SpVgg Köln Sülz **07**
- FC **08** Homburg, FC **08** Villingen, SV Lippstadt **08**, SV Flensburg **08**
- BVB Dortmund **09**, Wattenscheid **09**, GFC Düren **09**, FT Starnberg **09**, SuSV Beuthen **09**, SSG **09** Bergisch-Gladbach, FV Hombruch **09**,
- FC St. Pauli **1910**, SC Jülich **1910**
- TuS **1911** Koblenz
- VfB Lübeck **1919**
- SV Wehen **1926**
- 1. FC Eschborn **1930**
- SG Lichtenberg **47**,
- Jahn Regensburg **2000**, FC Gütersloh **2000**
- FCR **2001** Duisburg
- FC Ingolstadt **04**

Im Ausland sind Zahlennamen seltener. Und wenn, dann tauchen sie nur bei zweitklassigen Nordeuropäern auf:

- B **1909** Odense, BK **1913** Odense, B **1903** Kopenhagen (Dänemark),
- F **91** Düdelingen, FC Wiltz **'71** (beide Luxemburg),
- AZ **67** Alkmaar (Niederlande)
- B **36** Torshavn, B **68** Töftir (beide Färöer-Inseln)
- TP-**47** Tornio (Finnland)

Die größte Zahl der Welt hat unangefochten ein Verein aus Kolumbien im Namen: Die Millionarios. Der Name war Programm: Der Klub lockte in den 40er- und 50er-Jahren Stars aus aller Welt nach Bogota (unter anderen Alfredo di Stefano, Nestor Rossi und Neil Franklin) und wurde siebenmal Landesmeister.

Die Weltmeister von 1954

Die Namen der deutschen Wunder-Elf von Bern kennen Sie aus dem Effeff, schon klar. Die Rückennummern auch? Bitte schön:

(1) Anton »Toni« Turek

(7) Josef »Jupp« Posipal (3) Werner Kohlmeyer

(6) Horst Eckel (10) Werner Liebrich (8) Karl Mai

(13) Max Morlock (15) Ottmar Walter (16) Fritz Walter

(12) Helmut Rahn (20) Hans Schäfer

Und Sie kennen auch Herbert Zimmermanns »Tor, Tor, Tor« und »Aus, Aus, Aus«, schon klar. Aber haben Sie auch schon jene Sekunden gehört, die Zimmermann anfangs der zweiten Halbzeit ins Mikrofon schrie? Wer das Wunder von Bern umfassend verstehen will, der muss wissen, was sich in der 50. Minute vor dem Tor der Deutschen abgespielt und wie es Herbert Zimmermann geschildert hat. Seine Worte, ungekürzt:

»Jetzt Gefaaaaahr. Schusssss! Auf der Torlinie gerettet. Nachschuss müsste kommen. Nochmal auf der Torlinie gerettet. Das erste Mal Posipal, das zweite Mal Kohlmeyer. Aber die Ungarn bleiben im Ballbesitz. Bozsik müsste schießen, gibt zu Czibor. Czibor schießt, abgewehrt! Liebrich rettet. Noch einmal Nachschuss, Bozsik am linken Flügel. Rettet, rettet, rettet. Und jetzt ist die Gefahr beseitigt durch Liebrich. 18 Spieler im deutschen Strafraum. In ihn wird der Ball wieder hineingespielt. Und jetzt nach einem Kopfball von Hidegkuti zum Glück einen halben Meter am Tor vorbei.«

Seit diesem 4. Juli weiß jeder Deutsche, was eine »Abwehrschlacht« ist.

Die Weltmeister von 1974

Die Namen der deutschen Weltmeister-Elf von München kennen Sie aus dem Effeff, schon klar. Die Rückennummern auch? Bitte schön:

(1) Josef »Sepp« Maier

(2) Berti Vogts (4) Hans-Georg Schwarzenbeck (5) Franz Beckenbauer (3) Paul Breitner

(14) Uli Hoeneß (16) Rainer Bonhof (12) Wolfgang Overath

(9) Jürgen Grabowski (13) Gerd Müller (17) Bernd Hölzenbein

Die Weltmeister von 1990

Die Namen der deutschen Weltmeister-Elf von Rom kennen Sie aus dem Effeff, schon klar. Die Rückennummern auch? Bitte schön:

(1) Bodo Illgner

(5) Klaus Augenthaler

(6) Guido Buchwald (4) Jürgen Kohler (3) Andreas Brehme

(14) Thomas Berthold (8) Thomas Häßler (10) Lothar Matthäus (7) Pierre Littbarski

(9) Rudi Völler (18) Jürgen Klinsmann

Eingewechselt: (2) Stefan Reuter für Berthold (74. Minute)

2002

2000 Kilometer lange Probefahrt

Einen etwas exotischen Einstellungstest hat sich die SpVgg Unterhaching für den Bewerber auf den Managerposten ausgedacht. Präsident Engelbert Kupka, Vize Alfred Hermann sowie Schatzmeister und Hauptsponsor Toni Schrobenhauser fuhren mit dem jungen Sportstudenten in einem Wohnmobil kreuz und quer durch Neuseeland. Zum Rahmenprogramm gehörten vier Karambolagen, Spontan-Caravan-Rafting durch überflutete Landstriche, ein Beinahe-Diebstahl des Wohnmobils sowie ein Überfall von Ureinwohnern, der gemeinsam mit Buschmessern vereitelt wurde. Nach 2000 Kilometern war sich Schrobenhauser sicher: »Das ist der Richtige.« Ein respektables Auswahl-Verfahren für einen Bayernligisten. Immerhin war der Kandidat für die dreiköpfige Jury kein Unbekannter; er hatte bis zuletzt jahrelang bei der Spielvereinigung erfolgreich mitgekickt, bis er sich schwer am Knie verletzte. Norbert Hartmann unterzeichnete den Vertrag und bestätigte das Vertrauen durch weitere außerordentliche Leistungen: Er führte den Münchener Vorortverein in die Bundesliga. Mittlerweile hat er sein 20-jähriges Betriebsjubiläum hinter sich und ist immer noch der Richtige.

10 000 Deutsche Mark gegen den Teamkollegen

Als Jürgen Klinsmann 1996 zum FC Bayern wechselte, wettete Platzhirsch und Klinsi-Erzfeind Lothar Matthäus mit seinem Manager Uli Hoeneß, dass der Neue in der Saison keine 15 Tore zustande bringen werde. Er verlor das Geld – und die Kapitänsbinde, als die Wette ruchbar wurde.

13 500 statt 27 000 Höhepunkte

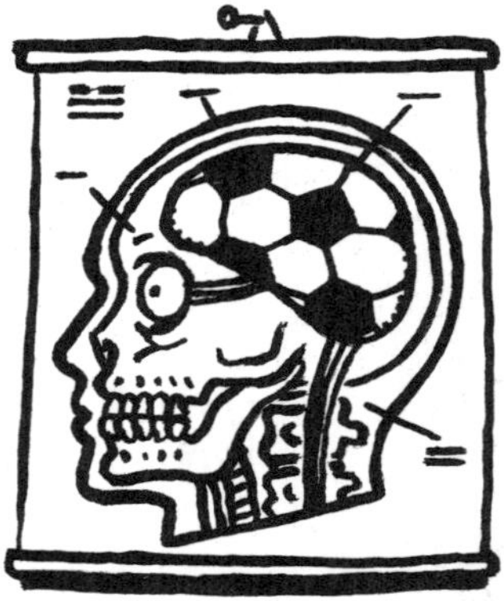

Mit dem Eröffnungsspiel zur WM 2002 erschlaffte in England die Nachfrage nach Viagra-Tabletten von einer Nacht auf die andere. Oder besser: Sie kam beinahe zum Erliegen. Statt 27 000 Rezepten pro Monat wurden nur noch halb so viele ausgestellt. Dies fand das unabhängige Forschungsinstitut Isis bei einer repräsentativen Umfrage unter 400 Ärzten heraus. Zur Begründung des signifikanten Rückgangs stehen zwei Thesen im Raum: Entweder der Fußball stimuliert die Männer derart, dass sie keiner zusätzlichen Stärkung mehr bedürfen. Oder ihnen ist die Kickerei ihrer Mannschaft schlichtweg wichtiger als der Sex mit ihrer Frau.

17 000 Kilometer für ein Pokalspiel

Auf 5 269 Kilometer hat Christoph Biermann, der Socrates der Fußballbuchschreiber, die längste Auswärtsreise des Europapokals beziffert. Wieviele Fans von Maccabi Tel Aviv (Israel) oder IBK Keflavik (Island) sich den Trip antaten für ein Qualifikationsspiel zum Cup der Cupsieger 1994/95, war leider nicht mehr herauszufinden. Dafür aber die größte Entfernung für ein

Pokalspiel auf nationaler Ebene: In der siebten Runde des französischen Pokals 1998/99 bekam das Provinzteam Los Armentieres ein Traumlos: Auswärts gegen Traput Lifou, das liegt in Neukaledonien im südöstlichen Pazifik, also kurz vor Australien, 17 000 Kilometer Luftlinie von Paris entfernt. Die Reisekosten übernahm der Verband. Wie immer, wenn in der siebten Runde aus Integrationsgründen die Mannschaften aus den Übersee-Departements der Republik in den Lostopf kommen.

120 000 Augenzeugen und 1 Tor des Jahrtausends

Es begab sich zu einer Zeit, als es weder Zeitlupen noch Telefongewinnspiele gab. Der 1. FC Kaiserslautern reiste 1956 in die DDR zu einem Freundschaftsspiel gegen Wismut Aue. 120 000 Zuschauer kamen ins Leipziger Zentralstadion, um die westdeutschen Weltmeister zu sehen. Als Zugabe durften sie das schönste Tor aller Zeiten bestaunen: Fritz Walters Skorpion-Torpedo. Eine Mischung aus Flugkopfball und Fallrückzieher: Walter hechtet nach vorne, in der waagerechten Flugphase trifft er den Ball mit der Hacke über seinem Hintern, die Kugel schlägt unter der Latte ein. Es herrschte an diesem 6. Oktober übrigens Fritz-Walter-Wetter.

Allein gegen 200 000 entfesselte englische Fans

200 000 bis 250 000 Zuschauer wollen am 23. April 1923 das erste Cup-Finale im soeben eröffneten Empire Stadium in Wembley sehen. Weil auf den Tribünen aber nur 126 047 Menschen Platz haben, sind schnell drei Viertel des Spielfeldes mit Fans besetzt. König George V. sitzt zwar bereits in seiner Loge, dennoch steht das Duell West Ham United – Bolton Wanderers kurz vor der Absage. Bis Constable George Scorey und sein Schimmel Billy auf den Rasen schreiten. »Ich sah nichts als ein Meer von Köpfen. Und ich dachte, das schaffen wir nicht«, berichtet der Polizist später. In seiner Verzweiflung reitet Scorey vom Anstoßpunkt aus größer werdende Kreise und drängt die Massen dorthin, wo sie hingehören. Besonders widerspenstige Zeitgenossen, denen die tierische Wucht des Vierbeiners im Dienste der Majestät nicht genügend Respekt einflößt, fragt der Constable trocken: »Wollt ihr das Spiel wirklich nicht ansehen?« Nach 45 physisch und taktisch perfekt genutzten Minuten ist das Spielfeld frei – ohne Verletzte, ohne Massenpanik. Bolton gewinnt 2:0, Billy geht als erster Held von Wembley in die Fußballgeschichte und ins Scherzfragen-Gut der Briten ein:

»Wieviele Polizisten braucht man,
um eine Horde von 200 000 Fußballfans
unter Kontrolle zu bringen?« –
»Einen, plus den Schimmel Billy.«

82 Jahre später wird in einer Internet-Umfrage ein Name für eine Brücke auf dem umgebauten Wembley-Areal gesucht. Der Schimmel macht das Rennen mit Längen Vorsprung vor Sir Alf Ramsey, dem Weltmeistertrainer Englands von 1966. Wer es nicht glaubt und sich selbst davon überzeugen will, darf allerdings nicht die Billy-Brücke suchen, sondern die White Horse Bridge.

250 000 Mark für 1 Kugel

Nach ihrem WM-Erfolg 1966 erhalten Englands Spieler den Pokal und zu den 60 Pfund Antrittshonorar noch 1 000 Pfund Siegprämie. Der größte Gewinner des legendären Endspiels stand allerdings im Team des Verlierers: Deutschlands Helmut Haller. Er schmuggelte nach dem Abpfiff den Spielball aus dem Stadion. 30 Jahre später – kurz vor der EM 1996 in England – holte er die Kugel aus dem Keller und verkaufte sie für 250 000 Mark an die englische Boulevard-Zeitung *Daily Mirror*.

Dinner for two für 443 000 Euro

443 000 Euro kostete den FC Chelsea anno 2005 ein Abendessen seines Trainers José Mourinho in einem Londoner Hotel. Der Trainer dinierte mit Verteidiger Ashley Cole von Arsenal London, obwohl dieser noch vertraglich an den Stadt- und Ligarivalen gebunden war. So etwas erlauben die Gentlemen-Regeln der Premiere Le-

> DER DIETER HOENESS HAT DIE GLATZE NOCH GANZ NASS GEHABT. DA GEHT ES UM 30 BIS 35 MILLIONEN. DAS IST MONOPOLY PUR.
> REINER CALMUND NACH DEM SPIEL GEGEN HERTHA BSC

ague nicht. Mourinho kostete das unmoralische Angebot 295 000 Euro, Cole musste 147 000 Euro zahlen. Obendrein wurde Chelsea zu einem Drei-Punkte-Abzug verurteilt, allerdings auf Bewährung.

500 000 Schilling Verlust – die Spieler feiern, die Funktionäre trauern.

Österreichs Nationalelf schnitt bei der WM 1954 so gut ab wie noch nie – und wie nie mehr wieder. Doch während die Mannschaft einen Sieg nach dem anderen feierte und auch das Spiel um Platz drei gegen Uruguay mit 3:1 gewann, sank die Stimmung der ÖFB-Funktionäre von Partie zu Partie. Grund: Vor dem Turnier hatte keiner der Verbandsoberen dem Team einen derartigen Erfolg zugetraut, deshalb hatten sie jedem Spieler 38 000 Schilling für Rang drei versprochen. Am Ende hatte der ÖFB ein Minus von 500 000 Schilling auf dem Konto. Um die Zahlungsunfähigkeit zu vermeiden, wurde kurzerhand ein zusätzliches Länderspiel organisiert.

39 600 471 Menschen unter einem Dach

Neunundreißig Millionen sechshunderttausend vierhundertundeinundsiebzig Besucher kamen zu den 1 120 Fußballveranstaltungen, die zwischen 1972 und 2005 im Münchener Olympiastadion stattfanden. Beim ersten Spiel Deutschland – UdSSR müllerte es viermal, und die *Süddeutsche Zeitung* empfahl ihren Lesern angesichts des Flutlichts, beim nächsten Mal Sonnenbrillen mitzunehmen.

180 000 000 Euro pro Saison

Vor der Saison 1966/67 schloss der DFB mit ARD und ZDF den ersten Pauschal-Vertrag über die Übertragungsrechte ab. 648 000 Mark zahlten die Sender für die 306 Spiele, das waren saftige 2 117 Mark und 65 Pfennige pro Partie. 50 Jahre später ist die Liga das 1540-fache wert: 500 Millionen Euro verpricht

Leo Kirch ab 2009 pro Spielzeit den Bundesligisten. Das sind 1 634 000 Euro pro Match (1,6 Mio.!). Pro Spiel berappt der alte Mann also das Fünffache von dem, was ARD und ZDF anno 66 für die ganze Saison zahlten.

Aber das sind immer noch Erdnüsse im Vergleich zu den Beträgen, die die englischen und italienischen Vereine untereinander aufteilen können. Die Italiener bekamen zusätzlich jede Menge Gesetze, die Milliarden wert sind. So dürfen die Calcio-Klubs ihre Spielerkader langfristig auf zehn Jahre verteilt abschreiben. Damit muss der eingebrochene Marktwert eines Spielers in der Bilanz nicht sofort komplett korrigiert werden, sondern nur zu einem Zehntel. Dieses Geschenk des Staatspräsidenten und AC-Mailand-Paten Silvio Berlusconi rettete 2003 so manchem hochverschuldeten Verein die Existenz.

> **SAT 1 KOTZT MICH AN.** VOLKER FINKE ÜBER RAN.

240 000 000 Spieler und 1 Ball

240 Millionen Menschen auf der Welt spielen Fußball. Das ist jeder Fünfundzwanzigste. 30 Millionen davon sind in Vereinen oder Verbänden organisiert, dem Rest reichen zwei Stecken als Pfosten und eine mehr oder weniger gerade und freie Fläche. Sie brauchen weder Schiedsrichter noch Schienbeinschützer noch Sportgericht. Her mit der Kugel und ab geht's. Neun Prozent der Balljünger sind Frauen. Tendenz steigend.

340 000 000 Schweizer Franken für drei Weltmeisterschaften

Die Deutsche Presse-Agentur bezeichnete den Deal als »größte Fehlkalkulation in der Sportgeschichte«. Die FIFA verkaufte die TV-Vermarktungsrechte für die WM-Turniere 1990, 1994 und 1998 an die International Sport, Culture and Leisure AG, kurz ISL. Der Kaufpreis, 340 Millionen Schweizer Franken, hört sich zunächst enorm an. Bedenkt man aber, dass die UEFA mit einer Saison der Champions League genauso viel Geld erlöst, wird deutlich, dass die FIFA mit diesem Vertrag – der der ISL obendrein eine Option auf 2002 zusicherte – unendlich viel Geld verschenkt hat. Unterzeichnet haben den Kontrakt damals FIFA-Präsident Joao Havelange und Generalsekretär Joseph Blatter. Havelange trat 1998 zurück, Blatter wurde sein Nachfolger. Eine Frage harrt noch ihrer Antwort: Haben sie sich aufgrund

mangelnder Weitsicht von ISL über den Tisch ziehen lassen oder sind sie – aus welchen Gründen auch immer – freiwillig auf den Schoß des Geschäftspartners geklettert?

600 Millionen Schadenersatz für den Nationalhelden

Tja, Undank ist der Welten Lohn. Ein DFB-Anwalt drohte dem Sportmagazin *Titanic* eine Schadenersatzklage an, obwohl *Titanic*-Kapitän Martin Sonneborn das alles entscheidende Schriftstück verfasst hatte, welches die DFB-Bewerbung um die Austragung der WM 2006 vor dem Untergang bewahrte. Sonneborn hatte vor der Abstimmung an einige FIFA-Vertreter ein Bestechungsfax mit einem unmoralischen Angebot in Form von Würsten und Kuckucksuhren geschickt. Daraufhin enthielt sich der Neuseeländer Charles Dempsey (»This final fax broke my neck«) entgegen allen Absprachen der Stimme. Neben dem DFB verstanden viele andere nicht auf Anhieb die Dimension der Sonnebornschen Helden-Tat. So appellierte *Bild* an ihre Leser, bei *Titanic* anzurufen, was dann auch auf überraschend hohem Niveau geschah: »Sie sind ein ganz großes Schwein, die *Titanic*! Man sollte sie auswandern!«, sprach ein Debattant ins Telefon. Wir aber erheben uns feierlich und rufen: »Gut gemacht, Martin Sonneborn! Der DFB, die Bundesliga, die Republik, die Welt braucht mehr Lichtgestalten wie Sie!«

1 500 000 000 Miese

Auf eineinhalb Milliarden Euro bezifferte die Wirtschaftszeitung *Il sole 24 ore* die Schulden der italienischen Erstligisten vor dem Start der Saison 2005/2006. Voraussichtlicher Jahresverlust: 400 000 000 – in Worten: 400 Millionen – Euro. Der AC Turin wurde wegen 34 Millionen Steuerschulden in die Serie B zwangsversetzt, Genua musste wegen eines gekauften Spiels in der Vorsaison sogar in die Drittklassigkeit. Deshalb waren plötzlich Treviso und Ascoli erstklassig. Sportlich hatten beide

Klubs im Oberhaus zwar nichts verloren – aber dafür ordentliche Bilanzen. Das reichte für den Aufstieg am grünen Tisch. Nach einer wuchtigen sommerlichen Prozesslawine standen exakt zehn Tage vor dem Saisonstart alle Erstligisten fest. Unerträgliche Zustände für die Spieler? Nun ja, von den etwa 600 Profis der Serie A verdient etwa ein Viertel eine Million Euro oder mehr.

4 000 000 000 Euro kurz mal auf dem Konto geparkt

In Galaxien, die nie zuvor ein Räuber gesehen hatte, stieß die ehrenwerte Fédération Internationale de Football Association (FIFA) mit ihrem Internet-Vorverkauf der Eintrittskarten für die WM 2006 vor. Im Frühjahr 2005 – also mehr als ein Jahr vor dem Eröffnungsspiel – bestellten Millionen von Fans aus aller Welt so genannte Teamserien-Tickets. »Verbindlich werden bestellte und durch das OK reservierte Team-Serien jedoch erst, wenn sich die ausgewählte Mannschaft erfolgreich für die FIFA WM 2006™ qualifiziert hat«, schrieb die FIFA auf ihrer Homepage. Das hinderte sie aber nicht daran, allen Bestellern ohne Zögern erst einmal das Konto abzuräumen, sprich, den (noch gänzlich fiktiven) Kaufpreis für die Tickets abzubuchen. Plus Zustellgebühr. Und das, obwohl erst sechs Monate später feststehen sollte, welche Teams sich tatsächlich qualifizieren. Bei – vorsichtig geschätzten – zehn Millionen Vorbestellungen für Teamserien à durchschnittlich 400 Euro macht das einen Umsatz von 4 000 000 000 Euro (in Worten: vier Milliarden). Diese vier Milliarden ruhten ein halbes Jahr lang auf einem Schweizer Konto, ohne dass die FIFA dafür irgendeine Gegenleistung erbrachte. Bei einem – wieder sehr defensiv geschätzten – Zinssatz von fünf Prozent macht das 200 000 000 Euro (in Worten: 200 Millionen) an Zinsen.
Beeindruckende Zahlen. Aber den Oberhäuptern der Fußballfamilie reichte das noch nicht aus. Für die Rückerstattung der

ungerechtfertigten Vorauszahlung an die Fans, deren Team sich nicht qualifiziert hatte oder die kein Losglück hatten, wollten sie eine zusätzliche Bearbeitungsgebühr.
Alle Kartenbesteller, die am Ende leer ausgingen, haben der FIFA also mindestens ein halbes Jahr einen zinslosen Kredit eingeräumt, hierfür noch eine kleine Bearbeitungsgebühr berappt und eine Zustellgebühr für nie angekommene Karten gezahlt. Stellt sich nur die Frage: Was macht die FIFA mit den nebenbei kassierten Milliönchen der Fans? Wohin fließen die Zinsen und Zinseszinsen? In Talentförderung? In Entwicklungshilfe in Afrika? Wahrscheinlich geht alles drauf für die Kampagne, die das ramponierte Image der FIFA und ihres Oberbosses Josef »Sepp« Blatter aufpolieren soll.

24 000 000 000 klebrige Kicker

1961 hat die Firma Panini ihr erstes Fußball-Sammelbild hergestellt und verkauft. Mittlerweile sind es mehr als 24 Milliarden. Das Erfolgsrezept kennt jeder, aber keiner beschwert sich: Die Bildchen mit den Ballacks und Beckhams aller Ligen werden im firmeneigenen Tresor weggesperrt, bis die 23,99 Milliarden Hollerbachs und Ramelows verkauft sind. Verbraucherzentrale, übernehmen Sie!

Ergebnisse

0:0

So einfach war es nie mehr, für die englische Fußball-Auswahl nominiert zu werden. »Junge Leute gesucht, die bereit sind, am 23. November in Glasgow gegen Schottland zu spielen.« Mit dieser Zeitungsannonce fahndete die FA anno 1872 nach Akteuren für das erste offizielle Länderspiel der Welt. In einem Rundschreiben bettelte der Verband alle Vereine um eine Spende für die Zugfahrt nach Schottland an. Die Schotten taten sich bei der Rekrutierung ihrer Truppe leichter. Der FC Queen's Park als reichster Verein des Landes wurde beauftragt, die Spieler auszuwählen. Auf dem Feld standen schließlich ausnahmslos Männer von Queen's Park.

Den Tag vor dem großen Match versaßen die Engländer auf den Holzbänken der Eisenbahn. Die erste Reisegruppe kam in der nasskalten Nacht an und musste sich erst einmal mit einigen Flaschen Wein aufwärmen. Das Ganze entwickelte sich zu einer Party, die erst bei Sonnenaufgang zu Ende ging. Die restlichen Teamkollegen verbrachten die Nacht im Zug. Sie trafen erst kurz vor Spielbeginn ein und begaben sich ohne Schlaf und Umwege auf das Cricket-Feld von Partick, wo sich bereits 4000 Zuschauer eingefunden hatten.

DAS 1. TOR FIEL IN DER 0. MINUTE

GÜNTHER JAUCH AN JENEM ABEND IN MADRID *

Ohne Warm-Up ging es gleich los. Die Engländer verloren die Platzwahl. Das war insofern relevant, weil sie nun zunächst »bergauf« spielen mussten. Dann der erste Länderspiel-Torschrei, gewissermaßen der noch etwas schwächliche Urgroßvater des »Hampden Roar«, jenes gefürchteten schottischen Zuschauerlärms. Stürmer Leckie hatte geschossen, doch der Ball flog zwei Zentimeter über die Schnur – Tornetze und Querlatten gab es damals noch nicht. Es blieb beim 0:0, nach dem Schlusspfiff ließen die Teams einander dreimal hochleben und

* vgl. Seite 104

begaben sich zum Bankett in Carrick's Royal Hotel. Trotz der dürftigen Torausbeute waren sie zufrieden. Sie hatten 109 Pfund Sterling eingespielt, ihr Experiment war gelungen. In Schottland wurde alsbald ein nationaler Fußballverband gegründet, die Zahl der Fußball-Vereine verdoppelte sich in kürzester Zeit. Vor dem nächsten Länderspiel im März 1873 mussten die Engländer keine Anzeige mehr aufgeben. Alle Klubs boten ihre besten Akteure an, nach etlichen Sichtungs-Spielen stand die Elf fest. Vom historischen ersten Spiel wurden nur noch drei Männer berücksichtigt.

0:1

Bei den vier WM-Endrunden zuvor war die UdSSR Stammgast. Auch die Qualifikation für das Turnier 1974 läuft allerbestens, die Rothemden gewinnen ihre Vorrunden-Gruppe vor Frankreich und Irland. Die letzte Hürde ist ein Playoff-Spiel gegen Chile. Doch die Sowjets weigern sich, im Nationalstadion von Santiago anzutreten, weil es während eines Militärputsches als Gefängnis benutzt wurde. Die FIFA sieht keinen Grund, das Spiel auf neutralem Boden austragen zu lassen. So stehen beim alles entscheidenden Spiel nur elf Chilenen auf dem Platz. Und der Schiedsrichter. Er pfeift an, die Gastgeber befördern den Ball ins leere Tor. 1:0. Das reicht, denn das Hinspiel in Moskau endete 0:0. Abpfiff, Chile feiert Sieg und WM-Qualifikation.

0:7

Österreichs Nationalelf kassiert am 26. September 1973 im Wembleystadion gegen England eine 0:7-Niederlage. Max Merkel fasst das Geschehen vor laufenden Fernseh-Kameras mit einer gewohnt sachlichen Analyse zusammen: »Österreichs Fußballer sind langsam, technisch schwach, denkfaul und körperlos.« Auf der Pressekonferenz erkundigt sich Reporter

Poldi Kait bei ÖFB-Teamchef Leopold Stastny: »Wie waren Sie mit der Abwehr zufrieden?« Stastny antwortet mit einer Gegenfrage: »Wollen's mich häkerln?«

0:9

Kurz vor dem EM-Qualifikationsspiel in Valencia verspricht Österreichs Teamchef Herbert Prohaska seinen Spielern, im Falle eines Sieges seinen Schnurrbart abzulegen. Am nächsten Morgen wird er zwar noch seinen Schnauzer haben, aber keinen Job mehr. Zur Halbzeit führen die Spanier mit 5:0, in der Kabine schlussfolgert Toni Pfeffer peperoni-scharf: »Hoch werden wir nicht mehr gewinnen.« Am Ende verpassen der vierfache Figaro Raul und seine Kollegen den Österreichern eine 9:0-Rundumrasur.

Noch nie zuvor wurde ein ÖFB-Team bei einem Pflichttermin dermaßen eingeseift. Nur einmal verlor Österreich noch höher: Anno 1908 in einem Freundschaftsspiel gegen die Engländer mit 1:11. Es war damals ja auch das 13. Länderspiel der Rot-Weiß-Roten.

> MIT MIR IN HOCHFORM HÄTTE ES EIN 0:8 GEGEBEN.
> TORWART FRANZ WOHLFAHRT

Am 28. März 1999, einen Tag nach dem 0:9 von Valencia, tritt Prohaska zurück und verzichtet auf eine Abfindung. Sein Nachfolger wird Otto Baric, der sich gleich mit einem viel besseren Ergebnis einführt: 7:0 gegen San Marino.

1:0

Es ist das erste internationale Pflicht-Länderspiel in der Geschichte der Färöer-Inseln. Weil es auf den 24 Schafs-Inseln zwischen Schottland und Island keinen Rasenplatz gibt, müssen die Färinger nach Landskrona (Schweden) ausweichen. Am 12. September 1990 um 19 Uhr führt Österreichs Kapitän Toni Polster vom FC Sevilla die ÖFB-Elf auf den Idrottsplats und will mit einem klaren Sieg in die EM-Qualifikation starten. Es kommt ein bisschen anders. Jens Martin Knudsen, der Torhüter mit der weißen Zipfelmütze, lässt sich an diesem Tag nicht überwinden. Und in der 62. Minute trickst der Holzhändler Torkil Nielsen drei Österreicher aus und schießt zum 1:0 ein. Nach dem Abpfiff müssen Toni Polster und Andreas Herzog zur Dopingkontrolle. »Ja seid's ihr schon ganz deppert?«, wettert Polster, »wir haben gerade gegen die Färöer-Inseln verloren. Wir sollen gedopt gewesen sein?«

Am nächsten Tag erklärt Österreichs Teamchef Hickersberger seinen Rücktritt. Das Image des Färöer-Verlierers und der »Pudelhauben-Tormann« werden ihn noch lange verfolgen. Auf den Färöer-Inseln leuchten dagegen bei den Stichworten »Föroyar – Eysturríki« oder »Landskrona« 1990 bis heute die Augen aller Kinder, Papis und Opis.

Fußball wetten dass ...?

88. Sendung • 28. Mai 1994, Hannover •

Wetten, dass Sascha Hinkel und Stefan Beismann mit dem Rad mehr Treffer auf die ZDF-Torwand erzielen können als zwei Fußball-Nationalspieler (Andreas Möller und Rudi Völler) mit dem Fuß? •

Ray Liotta tippt: Ja. • Einsatz: »WM-Brot« verteilen. • Ausgang: Ja.

1:5

Deutschlands schlimmste Niederlage. Das 0:9 anno 1909 in Oxford (Lehrstunde der Engländer), das 3:8 von 1954 gegen Ungarn (Herbergers Schachzug) und das 0:4 aus 1999 gegen Brasilien (Ribbecks Bankrotterklärung) waren zwar rein rechnerisch deutlicher, doch das 1:5 vom 1. September 2001 ist eindeutig die gefühlte höchste Schlappe einer deutschen Nationalelf. Denn sie passierte im eigenen Lande. In einem WM-Qualifikationsspiel. Gegen die Engländer.

»Warum sollten wir zuhause gegen die Engländer verlieren«, hatte Uli Hoeneß vor dem Match im Münchener Olympiastadion noch getönt. »Das haben wir in den letzten 100 Jahren nicht geschafft.« Und weiter: »Ich habe keinerlei Zweifel, dass Deutschland siegen wird und sich locker für die WM qualifiziert.« Nun ja. Carsten Jancker durfte noch das Führungstor schießen. Dann trafen nur noch die Gäste. Allen voran Michael Owen, der Oliver Kahn dreimal demütigte. Nach dem 5:1 wurde England Gruppensieger, die Deutschen mussten in die Play-Offs gegen die Ukraine.

1:8

Es ist der erste Auftritt des 1. FC Köln im Europacup der Landesmeister. Die Elf von Trainer Tschik Cajkovski ist fest entschlossen, sich an diesem 5. September 1962 in die Vereinsgeschichte zu spielen. Tatsächlich endet das Hinspiel beim FC Dundee im größten Desaster seit der Entdeckung des Geißbocks. Nationaltorwart Fritz Ewert zieht sich nach vier Minuten eine Gehirnerschütterung zu. Er hält bis zur Pause durch, dann bleibt er in der Kabine. Feldspieler Toni Regh geht in den Kasten, der FCK muss zu zehnt weiterspielen. Endstand: 1:8. Vor dem Rückflug stammelt Cajkovski: »Winschte, Maschine stirzt ab.«

Der Wunsch bleibt unerfüllt, stattdessen geschieht im Rückspiel beinahe ein Wunder. Nach einer Stunde führen die Kölner mit 4:0 und bekommen einen Elfmeter zugesprochen. Doch Günter Habig drischt den Ball an die Latte. Cajkovski: »Ich bin überzeugt, dass wir zehn Tore geschossen hätten, wenn dieser Strafstoß verwandelt worden wäre.« Die Kölner treffen nichts mehr. In Erinnerung bleibt einzig das 1:8 in Dundee.

1:10

Vor der WM 1982 war El Salvador noch als die defensivste Mannschaft der Welt tituliert worden. Offenbar wollte Trainer Maurico Rodriguez gleich im ersten Vorrundenspiel gegen Ungarn etwas gegen dieses Image tun. Das gelang auf ganzer Linie. Selbst, als sich das Debakel im Nuevo Estadio in Elche abzeichnete, stürmten die Vordermänner des beklagenswerten Torhüters Luis Mora wacker weiter – und in die Geschichtsbücher. Sie kassierten die erste – und bis heute einzige – zweistellige Niederlage einer WM-Endrunde. Die Ungarn hätten sicherlich gerne auf ihre Torparty verzichtet, wenn sie statt dessen in die nächste Runde gedurft hätten. Aber sie mussten trotz 12 Toren nach der Vorrunde abreisen, während der spätere Weltmeister Italien mit nur zwei Toren und ohne Sieg nur aufgrund der mehr geschossenen Treffer gegenüber Kamerun weiterkam.

1:50

Die Rockmusiker waren schuld. Die Torhüterin des belgischen Frauenteams SK Berlaar ließ im Punktspiel der dritten Liga gegen den FC Mechelen ihre Kameradinnen wegen eines Konzerts in Stich. Die 16-jährige Ersatz-Schlussfrau Charlotte Jacobs ließ gleich den ersten Schuss nach vier Sekunden passieren. Zur Pause stand es 0:27. Nach dem Seitenwechsel berichtete die Debütantin vom Aufbäumen ihres Teams: »Wir sind noch einmal zurückgekommen, haben nur noch 23 Stück kassiert und sogar eines geschossen.« Sie fasste die 1:50-Niederlage mit drei Worten zusammen: »Das war nett.«

2:4

Dass das Wembley-Tor nie und nimmer hinter der Linie war, haben ja bereits Computer-Experten aus Israel anno 1997 wissenschaftlich bewiesen. Auch, dass Linienrichter Tofik Bachramov nur deshalb auf Tor entschied, weil Englands Stürmer Roger Hunt smarterweise seine Arme in die Luft schleuderte und jubelnd abdrehte, während Deutschlands Schlussmann Hans Tilkowski blöderweise den Kopf hängen ließ, hat der Mann mit der Fahne Jahre später gestanden. Was in der allgemeinen Hurst-Hysterie allerdings komplett unterging, ist die Tatsache, dass auch die anderen zwei Treffer Geoff Hursts tausendprozentig irregulär waren. Jawoll: Als Bobby Moore jenen Freistoß ausführte, den Hurst per Kopf zum 1:1 ins Netz beförderte, hielt Schiedsrichter Gottfried Dienst dem Foulverursacher Wolfgang Overath noch eine persönliche Moralpredigt. Und das 4:2 erzielte Hurst, als drei voreilig feiernde Zuschauer auf dem Feld standen. Klarer Fall für Spielunterbrechung und Schiedsrichter-Ball, Herr Dienst! Ein Unparteiischer, der heutzutage drei derartige Tore in einem Spiel zulässt, den schickt die FIFA direkt zur U17-Ozeanienmeisterschaft. Der Frauen.

> ***2 DINGE HABEN DIE DEUTSCHEN NIE BEWÄLTIGT: DAS 3. REICH UND DAS 3. TOR.*** **WALTHER MORATH. (DER BASLER KABARETTIST MUSSTE 1966 WEGEN DIESES ZITATS EINE DEUTSCHLAND-TOURNEE ABBRECHEN.)**

3:0

Das Finale um den englischen FA-Cup ist der Höhepunkt jeder Fußballsaison, Jahr für Jahr zelebriert im Wembley-Stadion zu London. Nur einmal endete das Endspiel der Endspiele als Fiasko. Das Match von 1960 ist noch heute bekannt als »Dustbin Final«. Das Mülltonnen-Finale. Die Wolverhampton Wanderers besiegten die Blackburn Rovers mit 3:0, was allerdings in keiner Weise an ihrer fußballerischen Überlegenheit lag. Das Trauerspiel begann mit einem Zweikampf zwischen David Whelan und Norman Deeley. Ersterer wollte Letzteren mit einer Grätsche am Torschuss hindern. Das misslang gründlich. Weeley traf zum 1:0, Whelans Bein brach krachend entzwei. Die restliche Stunde mussten die Rovers zu zehnt weiterspielen, während ihre Fans lautstark über die harte Gangart des Gegners und die weiche Vorstellung des Schiedsrichters protestierten. Dies alles gipfelte darin, dass die Wanderers-Spieler bei ihrer Ehrenrunde von Blackburn-Anhängern mit Unrat beworfen wurden.

3:1

Einen ganz anderen Namen bekam das FA-Cup-Finale von 1956. Zwanzig Minuten vor dem Abpfiff taucht Bernd »Bert« Trautmann, der Torwart von Manchester City, ab, um dem heranstampfenden Birmingham-Stürmer Peter Murphy den Ball vom Fuß zu fausten. Murphy zieht voll durch, trifft den Deutschen mit dem Fuß im Nacken. Trautmann bleibt regungslos liegen. Nach kurzer Behandlung spielt er weiter und sichert den 3:1-Sieg seines Teams. Wenig später stellt sich heraus, dass sein zweiter Halswirbel durchgebrochen und fünf andere ausgerenkt waren. Der erste Cup-Sieger mit Genickbruch. Das gefällt den Engländern, sie halten dieses Spiel als »Bert-Trautmann-Finale« in ehrender Erinnerung.

3:2

Der Patron des ewigen Fußballfeiertags Österreichs heißt nicht etwa Hans Krankl, sondern Toni Fritsch. Als Stätte des Triumphes hatte sich der junge Rechtsaußen nicht irgendein Stadion ausgesucht. Es musste schon Wembley sein. Vor diesem 20. Oktober 1965 hatte Fritsch gerade einmal 14 Ligaspiele absolviert und ein ganzes Törchen markiert. In seinem ersten Länderspiel staubte er zunächst aus kurzer Distanz zum 2:2-Ausgleich ab. Wenige Minuten später luchste er dem gefürchteten Nobby Stiles im Mittelfeld die Kugel ab und lief Richtung englisches Tor. Als er nicht mehr weiterwusste, schoss er einfach aufs Tor, um sich und seinen Teamkollegen eine Verschnaufpause zu verschaffen. Der Ball schlug unter der Latte ein, Österreich siegte 3:2, der »Wembley-Toni« war geboren. England wurde neun Monate und 19 Spiele ohne Niederlage später Weltmeister. »Wembley-Toni« gewann sechs Jahre später als erster Österreicher die Super Bowl – als Free-Kicker des American Football-Teams Dallas Cowboys.

3:4 Die Viertelstunde des Jahrhunderts

Die Bezeichnung »Spiel des Jahrhunderts« ist definitiv falsch. Vielmehr müsste es korrekt heißen: »Verlängerung des Jahrhunderts«. Die ersten 90 Minuten waren ein stinknormales WM-Halbfinale – kein schlechtes, aber auch kein außerordentlich tolles Spiel. Hätte Italien-Legionär Karl-Heinz Schnellinger nicht in der Nachspielzeit den 1:1-Ausgleich erzielt, wäre der 17. Juni 1970 heute ein Datum wie jedes andere.

DIE ERSTEN 90 MINUTEN EINES SPIELS SIND DIE WICHTIGSTEN
BOBBY ROBSON

So aber sahen die 70 000 Zuschauer im Azteken-Stadion von Mexico City eine halbe Stunde, die faszinierender nicht hätte sein können. Wie der nachstehende Torverlauf zeigt, dauerte das

Jahrhundert-Ereignis sogar nur 13 Minuten. Zwischen der 97. und 110. Minute fielen fünf Tore, und jedes änderte den Spielstand jeweils entscheidend.
Die Tore aus deutscher Sicht:

0:1 Roberto Boninsegna (8.)
1:1 Karl-Heinz Schnellinger (90.)
2:1 Gerd Müller (97.)
2:2 Tarcisio Burgnich (99.)
2:3 Luigi Riva (104.)
3:3 Gerd Müller (109.)
3:4 Gianni Rivera (110.).

Dem sind nur noch zwei Zeilen von Ror Wolf zuzufügen:

»Das war ein Drama allererster Sorte.
Hier schweige ich. Es fehlen mir die Worte.«

3:5 Ein-Mann-Show gegen elf Fußball-Soldaten

Ein Kollektiv kleingewachsener Asiaten, das in der Vorrunde mit vereinten Kräften Favoriten vom Sockel stürzt und selbst in den K.o-Spielen für Furore sorgt, das gab es schon lange vor der WM 2002 in Japan/Südkorea. Weil alle afrikanischen Nationen aus Protest gegen die ungerechten Qualifikationsregeln (nur ein gemeinsamer Startplatz für Afrika und Asien) zurückgezogen hatten, reichten den Nordkoreanern zwei Siege über Australien (2:1 und 6:1), um das Ticket zur WM 1966 in England zu lösen.
Ernst nahm die Rothemden niemand. Was als erstes den Italienern zum Verhängnis wurde. Sie unterlagen den Nordkoreanern im letzten Vorrundenspiel durch ein Tor von Pak Doo-Ik mit 0:1. Die Azzuri mussten daraufhin heimfahren, die Koreaner standen im Viertelfinale. Das Team von Trainer Myung Rheehyun traf im Goodison Park von Liverpool auf Portugal – und spielte Eusebio & Co vor 52 000 staunenden Zeugen mit einer Mischung aus Disziplin und Raffinesse an die Wand.

Es war noch keine Minute gespielt, da schlug ein Weitschuss von Pak Seung-Zin zum 1:0 ein. Lee Dong-Woon per Abstauber und Yang Seung-Kook mit einem herrlichen Alleingang erhöhten bis zur 24. Minute gar auf 3:0. Das Publikum klatschte sich amüsiert auf die Schenkel, die Portugiesen griffen sich fassungslos an den Kopf. Alles sah nach einer Sensations-Lehrstunde aus. Ein portugiesischer Reporter schickte seinen Bericht in die Heimat, am nächsten Tag stand sein Artikel über den Favoritensturz schwarz auf weiß in der Zeitung. Aber es gab da einen Spieler Portugals, der noch nicht ausscheiden wollte: Eusébio Ferreira da Silva. 180 Sekunden nach dem 0:3 verkürzte er auf 1:3, schnappte sich den Ball aus dem Netz und trug ihn zum Anstoßpunkt zurück. Das Signal für die Aufholjagd. In der restlichen Stunde war Eusébio praktisch ständig auf Ballhöhe. Es folgte eine Ein-Mann-Show, gegen die selbst die koreanischen Fußballsoldaten machtlos waren. Noch vor der Pause machte Eusébio das 2:3, in der 57. und 59. Minute schoss er das 3:3 und 4:3. Damit hatte er seine Aufgabe erfüllt, den 5:3-Schlusspunkt überließ er José Augusto. Der Stern des Eusébio, der mit neun Treffern Torschützenkönig des Turniers wurde, war aufgegangen. Leider musste gleichzeitig die nordkoreanische Schnuppe verglühen.

4:2 Sieg für die Menschlichkeit

Bei der WM 1938 gehörten neun Österreicher zum deutschen Kader. Zwei Monate nach Hitlers Einmarsch in der »Ostmark« wurde Reichstrainer Sepp Herberger gezwungen, ein kombiniertes »großdeutsches« Team zusammenzustellen. Ursprünglich hatten sich Deutschland und Österreich unabhängig voneinander für das Finalturnier in Frankreich qualifiziert. Nach der Zwangsvereinigung der Verbände musste Herberger nun zwei Teams zusammenwürfeln, die zueinander passten wie die Panzerfaust aufs Auge. »Jede einzelne Mannschaft war besser als eine gemischte«, sagte Herberger verzweifelt. Er bezeichnete seinen Kader als »Wiener Melange mit preußischem Einschlag« – deutlichere Kritik war damals wohl nicht möglich. Jedenfalls fanden die deutschen Kampfkicker und die österreichischen Kurzpass-Techniker nie einen gemeinsamen Nenner. Obendrein fehlten die zwei überragenden Österreicher dieser Zeit: Die zwei »Wunderteam-Spieler« Matthias Sindelar und Walter Nausch – beide liiert mit Jüdinnen – verweigerten sich dem Einsatz im Nazi-Team.

Nun ging die WM 1938 als zweitklassig besetztes Turnier in die Geschichte ein. Es fehlten sämtliche britischen Teams, aus Südamerika war nur Brasilien dabei. Dafür kickten die Riesen aus Kuba und Niederländisch-Indien mit. Dennoch schnitten die Deutschen so schlecht ab wie seitdem nie mehr: Das Aus kam in der ersten Runde. Als die aus sechs Deutschen und fünf Österreichern bestehende Elf ins Pariser Prinzenpark-Stadion einlief, wurde sie aufgrund der aggressiven Politik Hitlers mit Tomaten, Eiern und Flaschen beworfen. Das Hort-Wessel-Lied und die dazugehörigen Pfiffe des Publikums ertönten nur zweimal: Nach einem 1:1 nach Verlängerung und einem 2:4 im Wiederholungsspiel war Mitfavorit »Großdeutschland« ausgeschieden. Besiegt von der Schweiz.

6:3

Der eiserne Vorhang teilte auch die Fußball-Welt in zwei ungleiche Hälften. Ergo gab es auch zwei »Spiele des Jahrhunderts«. Auf der einen Seite: das 4:3 zwischen Italien und Deutschland bei der WM 1970. Auf der anderen Seite der Mauer: der 6:3-Triumph der Ungarn in London am 25. November 1953.

Es war die erste Heimniederlage der Engländer gegen ein Team vom Kontinent – und das auch noch auf dem heiligen Rasen des Empire Stadium Wembley. 105 000 Zuschauer, darunter 200 Journalisten, sahen das ungleiche Freundschaftsspiel der amtierenden Olympiasieger gegen elf Engländer, die zuvor noch favorisiert worden waren, aber schnell die Überlegenheit der Ungarn erfuhren. Das Spiel der Magyaren hatte dem der Briten einiges voraus: Die englischen Abwehrspieler waren es noch gewohnt, dass die Stürmer mit dem Ball am Fuß den Kampf Mann gegen Mann suchten. Die Kontrahenten krachten ineinander, der Stärkere behielt die Kugel. Ganz anders die ungarischen Offensiv-Zauberer Hidegkuti, Bozsik, Kocsis und Puskas. Bevor der Stopper zur Grätsche ansetzen konnte, hatten sie den Ball schon zum besser postierten Mitspieler gepasst. Nach 40 Sekunden hatten die Ungarn ihre Gastgeber zum ersten Mal ausgespielt, Nandor Hidegkuti traf zum 1:0. Ein britischer Journalist fasste das Geschehen so zusammen: »Billy Wright sah aus wie die Feuerwehr, die zu spät zum falschen Brand kommt.« Was den englischen Kapitän und seine Teamkollegen ebenfalls hoffnunglos überforderte: Die Ungarn zelebrierten 90 Minuten lang den fliegenden Positionswechsel, jeder Angreifer attackierte überall. Zur Halbzeit führten sie bereits 4:2, und hätten sie sich nach der Pause nicht darauf beschränkt, ihre technische Überlegenheit zu demonstrieren, dann wäre ein zweistelliger Sieg kein Problem gewesen. So aber blieb es bei den Toren von Hidegkuti (3), Ferenc Puskas (2) und Joszef Bozsik.

Bleibt nur noch die Frage, welches Match nun das wahre Spiel des Jahrhunderts war. Nun, nicht wenige westliche Beobachter, die sowohl 1953 als auch 1970 im Stadion saßen, schwören Stein und Bein, dass der ungarische Angriffszauber die beste Fußball-Show war, die sie je gesehen haben. Deshalb bietet sich folgender Ost-West-Kompromiss an: In Sachen Spannung und Dramatik war das WM-Halbfinale von 1970 nicht zu toppen, in Sachen Kunst, Technik und Lehrstunde war 1953 das Nonplusultra.

6:5 n.E.

Istanbul 05 war das geilste Champions-League-Finale seit Trapattoni Geburt (Dagegen war Barcelona 99 eine warme Bierflasche leer): Mailand führt zur Pause 3:0. Liverpool gleicht zwischen der 54. und 60. Minute zum 3:3 aus. Keine Tore in der Verlängerung, die größte Chance macht Liverpools Torwart Jerzy Dudek in der 118. Minute zunichte. Er pariert einen Kopfball von Andrej Schewtschenko und zappelt auch dessen scharfen Nachschuss aus kürzester Distanz irgendwie aus dem Tor. Derart aufgeputscht, gibt er im Elfmeterschießen auf der Linie den Zappel-Travolta und pariert die Schüsse von Andreas Pirlo und Schewtschenko. Liverpool gewinnt den Shoot-out mit 3:2 dank des polnischen Keepers und seines »Dudek-Dance«.
Das Allerbeste kommt aber erst nach der Siegerehrung: Weil die »Reds« in der Premier League schwächeln, soll der geilste Champions-League-Sieger aller Zeiten laut Statuten seinen Titel nicht verteidigen dürfen. Doch die UEFA erfindet schnell eine neue Regel, wonach sich der Titelträger über die Qualifikation noch in die Liga der Champions hocharbeiten kann.

6:6 n.V.

Mai 1984, DFB-Pokal-Halbfinale vor 70 600 Zuschauern im Gelsenkirchener Parkstadion. Der Zweitligist FC Schalke liefert dem Rekordmeister FC Bayern einen grandiosen Kampf. Die Außenseiter machen ein 0:2 und ein 2:3 wett. Angetrieben von einem unbekannten Kerl, der einen Tag zuvor erst seinen 18. Geburtstag gefeiert hat, gehen sie sogar mit 4:3 in Führung. Nach 90 Minuten steht es 4:4. In der Verlängerung liegen die Bayern wieder vorne, doch der Knirps gibt sich noch nicht geschlagen. Olaf Thon, so heißt das Riesentalent, erzielt in der 120. Minute den Ausgleich zum 6:6-Endstand. Nach dem Abpfiff gesteht der dreifache Torschütze vor laufenden Fernsehkameras, dass er Bayern-Fan sei und in rot-weißer Bettwäsche schlafe. Die Schalke-Anhänger jubeln ihm dennoch zu, denn er fast ganz allein hat die Bayern ins Wiederholungsspiel gezwungen. Eine Woche später in München holt Schalke erneut einen 0:2-Rückstand auf, muss sich letztlich aber mit 2:3 geschlagen geben. Drei Wochen später holen die Münchener den Pokal, vier Jahre danach nehmen sie Olaf Thon unter Vertrag.

7:3

Im Hinspiel 0:2 verloren, und eine halbe Stunde vor Ende des Rückspiels 1:3 hinten – wer soll das bitteschön noch umbiegen? Bayer Uerdingen schaffte es am 19. März 1986 im Viertelfinale des Europapokals der Pokalsieger. Die Krefelder schossen gegen Dynamo Dresden innerhalb von 20 Minuten die nötigen fünf Tore und legten noch eines zum 7:3-Endstand drauf.

> **JEDER IST SCHON MAL MIT 1,07 PROMILLE GEFAHREN.**
> **STEFAN EFFENBERG VERTEIDIGT SICH.**

Als die Spieler von Trainer Kalli Feldkamp am nächsten Nachmittag ihren Rausch ausgeschlafen hatten, waren sie über Nacht berühmt geworden. Dresdens Trainer Klaus Sammer wurde dagegen mit sofortiger Wirkung degradiert, Stürmer Frank Lippmann trat die Heimreise erst gar nicht an und beging Republikflucht.

7:4

Es begann wie eine stinknormale Lehrstunde der Münchener Bayern, die nie zuvor und selten danach die Bundesliga derart dominierten wie damals. Gerd Müller bombte zweimal ein, nach 57 Minuten führten der Kaiser und sein Gefolge mit 4:1. Doch dann startete der 1. FC Kaiserslautern seine Aufholjagd. Innerhalb einer halben Stunde schossen die Pfälzer sechs Tore und gewannen 7:4. An diesem 20. Oktober 1973 wurde der Mythos Betzenberg geboren. Auch jene Roten Teufel, die damals noch nicht geboren waren, erinnern sich gerne an diesen Triumph zurück. Die Bayern ihrerseits wollten den dreifachen Torschützen Josef Pirrung sofort nach Spielschluss verpflichten. Sie holten sich einen Korb. Auch in den Jahren danach gingen die Münchener leer aus. Sie konnten acht Spielzeiten lang nicht mehr in Kaiserslautern gewinnen.

7:5

Das verrückteste WM-Spiel aller Zeiten. Kurt Schmied taumelt wie ein Betrunkener durch den Fünfmeterraum und fragt immer wieder nach dem Spielstand. Grund für die Desorientierung des österreichischen Torhüters: Noch vor der Pause hat er im Stade de la Pontaise von Lausanne einen Sonnenstich erlitten. Auswechseln gibt es nicht, also muss der Mann in seinem schwarzen Pullover bei 50 Grad Celsius durchhalten. Er weiß nicht, wo der Ball ist. Er weiß nicht, wo er ist und was er macht. Neben dem Pfosten steht Teambetreuer Pepi Ulrich und ruft dem Torkelnden ständig zu, was zu tun ist: »Kurtl, pass auf, sie kommen! Rechts kommen's, Kurtl!« Die Schweizer, deren Kapitän Roger Bocquet ebenfalls ein Hitzeschlag trifft, können Schmied und seinen Souffleur nur noch einmal überwinden. Die meisten Tore kassierte Schmied in der ersten Hälfte, als er noch bei vollem Bewusstsein war. Zur Pause heißt es 5:4, was für ein Halbzeitstand.

Was für ein Viertelfinale. An diesem 26. Juni 1954 – acht Tage vor dem Wunder von Bern – verlassen die Österreicher als Helden der »Hitzeschlacht von Lausanne« den Platz. Immerhin haben sie den berüchtigten »Schweizer Riegel« siebenmal überwunden. Kurtl Schmied hat bis zum Ende durchgehalten. Wie auch sein Landsmann Heribert Meisel, der als Radioreporter ebenfalls heiß läuft:

0:0 »Der Österreicher ist guten Mutes. Er weiß, dass er der Stärkere ist, und damit hat er Recht.«

0:1 »A da schau her, denkt der Österreicher. Jetzt musst aber aufpassen! Aber viel ist noch nicht passiert, a bisserl Glück haben's halt gehabt.«

0:3 »Alles hat sich heut verschworen gegen uns. Heut is nix zu machen. Aber wir sind selber schuld. Warum lassen wir auch den Gegner immer in unserem Strafraum frei stehen? Recht geschieht uns! Aber a Pech is a dabei.«

1:3 »Das wär was, wenn uns jetzt noch der Sieg gelingen tät! Unmöglich is gar nix, gemma Burschen, zaht's an, noch zwei Bummerl, dann san ma wieder Kaiser.«

3:3 »Na, was hob i gsagt! Wir sind doch die Besseren, a lächerliches Strohfeuer vom Gegner war das. So und jetzt spuck ma uns in die Händ, gemma ...«

4:3 »Warum hamma alle 22 die Krot gfressn? Wozu die Aufregung? Wenn die Schweizer gscheit gewesen wären, hätten's das Toreschießen sein lassen, den einen Knopf von uns bekommen. Jetzt stünde des 1:0 für uns.«

5:3 »Na also, warum geht's denn jetzt? A Bombensieg wird das noch. Dös muss a Zufall gwesen sein, dass wir drei Tore kriegt ham. Jetzt ist alles leiwand, jetzt brauch ma nimmer so genau decken. Der Vonlanthen steht frei, aber was kann schon passieren …«

5:4 »Is ja zu blöd, die Schweizer wolln no immer ned einsehen, dass sie im Halbfinale nix verlurn ham. Den Vonlanthen hätt ma vielleicht doch abdecken sollen.«

6:4 »Jeder Spaß hat sein End. Jetzt muaß a Ruah sein! Wo komm ma denn sonst hin. Spün ma Handball oder Fußball?«

6:5 »Herrgottsakra, jetzt reißt uns aber die Geduld. Wenn`s ned so haß war, hätt ma`s eh schon durch Sunn und Mond geschossen, die Schweizer. Aber paßts auf, Freunderln, jetzt wern Scharfe gemacht!«

7:5 »Und damit basta! Samma froh, dass des Match aus is. Hat`s euch gfalln? I waß ned, warum ihr draußen allerweil so nervös seids. Is jo eh alles in Butter!« *

7:8

Der Traum aller Stürmer: Sieben Tore in einem Auswärtsspiel, mit einem lupenreinen Hattrick vor der Pause und einem nach dem Wechsel. Wilfried Minter vollbrachte dieses Kunststück im November 1922 in einem Qualifikationsspiel zum FA-Cup. Dennoch war der Goalgetter des Amateurteams St. Albans City nach dem Schlusspfiff untröstlich. Denn der Sieg ging mit 8:7 an das Heimteam von Dulwich Hamlet.

8:5 Armlose Männer gegen Frauen

An einem Mittwochabend im September 1917 spielte im Elm Park in Reading die Musikkapelle des Bearwood Hospital. Chefarzt Foster führte den Anstoß aus, dann pfiff Schiedsrichter Colonel Mayus das Benefiz-Spiel an. Auf der einen Seite: Englische Frauen. Ihre Gegner: Kanadische Soldaten. Sie hatten sich ihre Arme auf den Rücken gebunden. Unbekannt ist, ob sie dies taten, um die Kräfteverhältnisse auszugleichen oder um die Damen zu schützen. Sicher dagegen ist, dass die Zuschauer beim

* *Quelle: Peter Linden, Karl H. Schwind: »100 Jahre ÖFB«, Wien, 2004, Verlag Axel Jentzsch bei Linde.*

Anblick der keinarmigen Soldaten ihren Spaß hatten und die Frauen mit 8:5 gewannen. Torschützinnen waren Miss Barrell (3), Miss Small (2), Miss Wragg (2) and Miss Bentley.

8:7 n.E.

Ein paar Stunden, bevor im Estadio Sanchez Pizjuan zu Sevilla die Fetzen und Zähne fliegen, geht das WM-Tippspiel in der 3. Klasse der Grundschule am Hubertushof in Augsburg-Firnhaberau in die nächste Runde. Frau Heimerl spendiert auch an diesem 8. Juli 1982 dem besten Tipper (die Mädels machten zwar mit, kannten sich damals aber noch nicht aus) einen Schokoriegel. Zwei Raider (die hießen damals noch nicht Twix) habe ich in der vergangenen Woche schon vernascht. Vor dem Spiel gegen Platini und seinen Tresor (den Namen finde ich damals außerordentlich witzig) schreibe ich in einer Mischung aus Idiotie und Wichtigtuerei folgenden Tipp auf den Zettel: 9:8 für Deutschland. Das löst natürlich Gelächter und Geläster aus. Nur Frau Heimerl spendiert mir ein zustimmendes Kopfnicken nach dem Motto: braver Stefan, lässt seinen Mitspielern nach zwei Triumphen freiwillig den Vortritt.
Ein brutales Foul, einen abartigen Fallrückzieher, drei gehaltene Elfmeter und 24 Stunden später ist der Klasse das Lachen vergangen. Frau Heimerl schüttelt den Kopf, mir schmeckt das Raider besser denn je.

10:1

Erst zum vierten WM-Turnier anno 1950 begaben sich die englischen Gentlemen von ihrem hohen Ross der Profiliga herab und beehrten die Fußball-Welt mit ihrem Mitwirken. Der Auftritt gegen die Amateure aus den USA sollte gleich zur Demonstration der Überlegenheit genutzt werden. Doch die frechen Lehrbuben ließen sich nicht einschüchtern und schickten die

Möchtegern-Lehrmeister mit 1:0 nach Hause. Als das Ergebnis in die Heimat telegrafiert wurde, konnten es die Redakteure diverser Zeitungen nicht fassen. Sie glaubten an einen Übermittlungsfehler und veröffentlichten das für sie viel realistischere Ergebnis: England 10 – USA 1.

11:1

Zum höchsten Bundesliga-Sieg reichte es nicht ganz (siehe 12:0), aber für einen anderen Rekord: Zur Halbzeit der Partie Dortmund – Bielefeld am 6. November 1982 stand es erst 1:1. Danach schalteten die Borussen den Torbo-Lader ein: Zehn Tore in einer Halbzeit, das hat kein anderer Bundesligist geschafft. Zehn Gegentreffer in einer Hälfte, diesen Rekord wird Arminia-Schlussmann Olli Isoaho wohl auf ewig festhalten.

PS: Das einseitige Schützenfest belastete die Nähe der Teams in keinster Weise: Die Teams beendeten die Saison als direkte Tabellen-Nachbarn.

PPS: Bielefeld war übrigens in der 16. Minute durch Frank Pagelsdorf in Führung gegangen.

Fußball wetten dass ...? 145. Sendung • 6. Dezember 2003, Freiburg •

Jacek Roszkowski aus Bonn wettet, dass er in zweieinhalb Minuten einen Fussball aus seinem Nacken in zehn Basketballkörbe schießen kann, ohne dass der Ball den Boden berührt. •

Ozzy Osbourne tippt: Nein. Kelly Osbourne tippt: Ja. • Einsatz: Ozzy Osbourne muss sich als Gentleman kleiden. Kelly Osbourne muss in der nächsten Osbourne-Show ein Wetten-dass-Kissen auf dem Sofa platzieren. • Ausgang: Ja. • Jacek Roszkowski wird Wettkönig des Abends.

11:10 n.E.

Was haben Deutschland und die Elfenbeinküste gemeinsam? Es ist ihre gemeinsame Freundin, die séance de penaltys. Das Elfmeterschießen. Im Halbfinale des Afrika-Cups 1992 kegelten die Westafrikaner die Favoriten aus Kamerun mit 3:1 n.E. aus dem Rennen. Torhüter Alain Goúaméné parierte dabei vier Elfmeter, einen während des Spiels, die anderen im Shoot-Out. Im Endspiel gegen Ghana war die Elfenbeinküste erneut Außenseiter, und wie schon im Halbfinale fiel in 120 Minuten kein Treffer. Die 50 000 Zuschauer im Stadion der Freundschaft von Dakar (Senegal) wurden nur mäßig unterhalten, von afrikanischem Fußballzauber keine Spur. Umso magischer verlief dann das Elfmeterschießen. Alle 22 Spieler inklusive der Torhüter kamen an die Reihe. Und weil von beiden Teams nur jeweils ein Akteur verschoss, ging das Spielchen beim Stand von 10:10 nochmal von vorne los. Anthony Baffoe, der Ghanaer von Fortuna Düsseldorf, scheiterte mit seinem zweiten Versuch an Alain Goúaméné. Das Überraschungsteam von der Elfenbeinküste war erstmals Afrika-Cup-Sieger. Schöner Sieg. Belle victoire.
PS: Den inoffiziellen Weltrekord halten freilich die namibischen Teams KK Palace und Civics. Sie trafen am 23. Januar 2005 in der ersten Pokalrunde aufeinander und trennten sich mit 17:16 n.E. Hierfür benötigten sie 48 Elfmeter.

12:0

Klarer Fall von Skandalspiel. Vor dem letzten Spieltag der Bundesliga-Saison 1977/78 führte der 1. FC Köln die Tabelle punktgleich mit Mönchengladbach an. Die Kölner waren im Torverhältnis zehn Tore besser und mussten zum Fix-Absteiger FC St. Pauli. Die Gladbacher spielten gegen Borussia Dortmund, für die es ebenfalls um nichts mehr ging. Gladbach siegte 12:0, der höchste Sieg der Bundesliga-Geschichte. Zum Titel reichte es dennoch nicht, weil die Kölner gleichzeitig in St. Pauli mit 5:0 gewannen.

In Dortmund brachen nach der Torflut alle Dämme: Trainer Otto Rehhagel hatte am nächsten Tag einen neuen Spitznamen (»Torhagel«), aber keinen Job mehr. Auch Torwart Peter Endrulat wurde entlassen und machte kein einziges Bundesliga-Spiel mehr. Die restlichen Borussen wurden von der Vereinsführung zu saftigen Geldstrafen verdonnert.

Die Abschlusstabelle wies danach den – rein rechnerisch – knappsten Ausgang aller Bundesliga-Spielzeiten aus:

1. 1. FC Köln	86:41 Tore	48:20 Punkte
2. Borussia Mönchengladbach	86:44 Tore	48:20 Punkte

16:0

Die Bilanz der Deutschen Nationalelf war bis dato alles andere als berauschend: Fünf Siege, vier Unentschieden, elf Niederlagen. Dennoch wagte die Mannschaft die erste Teilnahme an einem internationalen Turnier, den Olympischen Spielen 1912 in Stockholm. Hier gelang der höchste Sieg, der bis ins 21. Jahrhundert unerreicht blieb – 16:0. Gottfried Fuchs vom Karlsruher FV nutzte die Gelegenheit, um sich mit zehn Treffern in den Annalen zu verewigen. Diesen Rekord konnte selbst Gerd Müller nicht knacken. Gottfried Fuchs beendete seine Länderspielkarriere 1913 mit einer beeindruckenden Torquote: Sechs Spiele, 14 Treffer. 1937 verließ Fuchs allerdings Deutschland auf Nimmerwiedersehen. Er musste vor den Nazis fliehen, weil er Jude war. Sein Glaubensbruder und Mannschaftskamerad von Stockholm, Julius Hirsch, wollte die Bedrohung dagegen nicht wahrhaben und blieb. Der siebenmalige Nationalspieler (vier Tore) wurde 1943 nach Auschwitz deportiert. Das Amtsgericht Karlsruhe erklärte ihn im Jahre 1950 nachträglich für tot.

31:0

Zehn Minuten lang hielt Nicky Salapu seinen Kasten sauber, dann rauschte über den Nationaltorwart von Amerikanisch Samoa im International Sports Stadium von Coffs Harbour der schlimmste Tsunami in der Geschichte der WM-Qualifikation hinweg. Zur Pause führte Australien mit 16:0, nach 90 Minuten hieß es 31:0. Mit 13 Treffern in einem Spiel stellte Archie Thompson an diesem 11. April 2001 einen neuen Torjäger-Rekord auf. Die acht Dinger von David Zdrilic sind aber auch nicht schlecht.

36:0

Die Rekord-Tororgie Schottlands ist schon länger her. Am 12. September 1885 fertigte Arbroath in der ersten Pokalrunde Bon Accord aus Aberdeen mit 36:0 ab. Die Unterlegenen agierten so, als hätten sie noch nie im Leben Fußball gespielt. Das hatte seinen Grund: Die Einladung zum Spiel war nicht beim Football-Klub, sondern fälschlicherweise beim Cricket-Klub gelandet. Als die Mannschaft auf dem Feld ankam und den Irrtum bemerkte, trat sie aus reiner Spielfreude dennoch an, obwohl sie keinerlei Fußball-Ausrüstung dabei hatte. Schiedsrichter David Stormont hatte ein Einsehen mit den Antifußballern und erkannte sechs Tore der Arbroather nicht an.
Kurioserweise ging der zweithöchste Sieg der schottischen Geschichte am selben Tag – ebenfalls in der ersten Pokalrunde – über die Wiese: Dundee Harp kickte die Aberdeen Rovers mit 35:0 nach Hause. Leider ein Tor zu wenig für weitere Erläuterungen.

149:0

Der vermutlich höchste Sieg aller Zeiten wurde nicht bei einem unbedeutenden Kick in irgendeiner Hammelliga herausgeschossen, sondern im Play-Off-Endspiel um die Landesmeisterschaft. Die AS Aeroport de Madagascar besiegte den Titelverteidiger Stade Olympique de l`Emyrne mit 149:0. Der neue Madagaskar-Meister steuerte an diesem 31. Oktober 2002 zu seinem Rekord allerdings keinen einzigen Treffer bei. Mehr noch: Er war fast nie in Ballbesitz. Die Verlierer hatten sich in den vorhergegangenen Play-Offs vom Schiedsrichter benachteiligt gefühlt. Aus Protest fabrizierten sie ein Eigentor nach dem anderen.

ICH
HAB' HEUT
SCHON 800 MARK
AUSGEGEBEN UND
NOCH 2 MILLIONEN AUF
DEM KONTO. WAS WILLST
DU? ANSGAR BRINKMANN ZU
VORGERÜCKTER STUNDE
ZU EINER PASSANTIN IN
DER BIELEFELDER
INNENSTADT.

Das letzte Mal

1869

Endlich verbietet die FA das Handspiel – allerdings auch für Torhüter.

1871

Die FA sieht ihren Fehler ein und erlaubt dem Torwart wieder, seine Hände zu benutzen.

1882

Einhändige Einwürfe verschwinden von den Fußballfeldern. Fortan muss der Ball mit beiden Händen ins Spiel zurückbefördert werden.

1887

Der walisische Torwart Leigh Richmond Roose packt sich den Ball und trägt ihn bis vor das gegnerische Tor. Wenig später dürfen die Keeper nur noch in der eigenen Hälfte handgreiflich werden. Es vergeht allerdings noch ein Vierteljahrhundert, bis erstmals ein 16-Meter-Rechteck aufs Feld gemalt wird; erst anno 1912 wird das Handspiel des Torhüters auf seinen Strafraum beschränkt.

1896

Die »Jenaer Regeln« stellen fest, dass Bäume und Sträucher auf Fußballfeldern nichts mehr zu suchen haben.

1900

Die Zeiten des lustigen Torwart-Anspringens aus purer Freude am Rempeln sind vorbei. Im neuen Jahrhundert darf der Keeper nur noch attackiert werden, wenn er den Ball hat.

1907

Zum letzten Mal stehen Spieler in der eigenen Spielhälfte im Abseits. Die Regel gilt jetzt nur noch jenseits der Mittellinie.

1925

Der größten Nervensäge Englands wird das Handwerk gelegt. Woche für Woche bringt Newcastle-Abwehrchef Bill McCracken mit seiner verdammt guten Abseitsfalle die gegnerischen Stürmer und Fans zum Rasen. Bis irgendwann gar nicht amüsierte Zuschauer das Spielfeld entern. Der FA ist klar: So kann es nicht weitergehen. Sie experimentiert mit einer 40-Yard-Linie, entscheidet sich aber für eine elegante Regeländerung: Künftig steht nur noch abseits, wer weniger als zwei Gegner vor sich hat.

1936

Der letzte Torabstoß, den der eigene Torwart direkt fängt. Ab jetzt muss das Ding den Strafraum verlassen, bevor ein Spieler den Ball berühren darf.

1965

Das Viertelfinale des Europacups der Landesmeister zwischen dem 1. FC Köln und dem FC Liverpool dauert 300 Minuten. 0:0 im Hinspiel. 0:0 im Rückspiel. 2:2 nach Verlängerung im Entscheidungsspiel. Weil es noch kein Elfmeterschießen gibt, entscheidet das Los. Was die Mannschaften nicht geschafft haben, muss nun ein rot-weißes Holzstück leisten: einen Sieger finden. Liverpools Kapitän Ron Yeats entscheidet sich für Rot. Der belgische Schiedsrichter Robert Schaut wirft das Teil in den Rotterdamer Himmel. Rot oder Weiß? Die Plakette fällt auf den Boden. Liverpool oder Köln? 50 000 Zuschauer schweigen. Jubel oder Trauer? Kölns Spielführer Hans Sturm kann es nicht fassen. TV-Kommentator Ernst Huberty schon: »Da ist das Los gefallen. Wer springt in die Höhe? Wer ist es, wer gewinnt? Wer

gewinnt? Wer gewinnt? Muss auch das wiederholt werden?« So ist es. Das Holzstück steckt hochkant im Morast. Nächster Versuch. Das Plättchen fliegt. Landet. Rot! Liverpool! Köln ausgeschieden ohne eine einzige Niederlage. Der 21-jährige Wolfgang Overath heult hemmungslos. Da zeigt sogar *Daily Mail*, die ansonsten wenig zimperliche und noch weniger deutschlandfreundliche Boulevard-Zeitung, eine Spur Mitleid: »Der größte Vereinswettbewerb Europas verkommt zur Lotterie.«
Aber nicht mehr lange. Die Farce vom 24. März mit Zusatzwurf ist der Anfang vom Ende des Losentscheids. Die Auswärtstoreregel wird eingeführt. Und wenn die nichts hilft, wird ab 1970 zum Elfmeterschießen gebeten.

1966

Die letzte WM ohne gelbe und rote Karte. Dennoch werden fünf Akteure des Feldes verwiesen. Doch ohne die praktischen Ereigniskärtchen haben die Pfeifenmänner mitunter alle Hände voll zu tun, um dem Sünder zu verklickern, dass er nicht mehr mitspielen darf. Im Viertelfinale im Wembleystadion dauert es sieben Minuten, bis Argentiniens Kapitän Antonio Rattin den Platz verlässt. Der Hüne will auf den 32 Zentimeter kleineren Schiedsrichter Rudolf Kreitlein aus Stuttgart nicht hören. Polizisten müssen eingreifen und zerren Rattin vom Feld. Er geht aber nicht in die Kabine, sondern setzt sich auf den roten Teppich, der für die Queen ausgelegt wurde. »So kann es nicht

weitergehen«, denkt sich FIFA-Schiedsrichter-Obmann Ken Aston. Wenig später geht ihm vor einer Verkehrsampel ein Licht auf.
(Vier Jahre später, bei der WM 1970, haben die Männer in Schwarz schon zwei Karten in der Tasche stecken. Doch keiner wagt es, den roten Karton in die dünne Luft Mexikos zu recken So dauert es weitere vier Jahre, bis der Türke Dogan Babacan in Berlin dem Chilenen Carlos Caszely nach einem Frustfoul an Berti Vogts die erste Rote WM-Karte zeigt.)

1975

Hans »Buffy« Ettmayer betrat im Laufe seiner Karriere den eigenen Strafraum so oft wie Carsten Jancker einen Friseursalon. Doch am 19. November in Wrexham/Wales macht der österreichische Nationalstürmer eine Ausnahme. »Jetzt geh i zruck und mach an Abstoß, damit i wenigstens einmal den Ball berühr«, ruft er seinem Mitspieler Hans Krankl zu. Er schreitet zur Tat, Österreich verliert 0:1 und verpasst die EM-Qualifikation. Es ist Ettmayers letztes Länderspiel.

1984

An dieses DFB-Pokalfinale erinnern sich noch viele zurück. Vor allem Lothar Matthäus. Es ist sein letztes Spiel für Borussia Mönchengladbach, ausgerechnet gegen seinen künftigen Verein Bayern München. Matthäus, 23 Jahre alt, bereitet das 1:0 der Gladbacher vor. Später, im Elfmeterschießen, läuft er als erster seines Teams an. Sein Schuss fliegt weit über das Tor Richtung Innenstadt von. . . nein, eben nicht Berlin, sondern Frankfurt. Es ist das letzte Cupfinale, das nicht in Berlin stattfand. Die Bayern gewinnen mit 8:7.

1990

Den Titel des letzten DDR-Meisters sichert sich Dynamo Dresden neun Minuten vor dem Saison-Abpfiff durch ein Tor von Thorsten Gütschow. Die Sachsen gewinnen den Oberliga-Titel aufgrund der besseren Tordifferenz vor dem FC Karl-Marx-Stadt. Danach fällt die Mannschaft auseinander, die Spieler zieht es in die Bundesliga. Die Oberliga dagegen hängt noch ein Jahr als Oberhaus des Ostens dran. Ihre letzte Saison 90/91 wird zum großen Hauen und Stechen um die Plätze in der Ersten und Zweiten Bundesliga.
Bereits am zweiten Spieltag gibt Schiedsrichter Thomas Eßbach seine Abschiedsvorstellung. Nach der Partie Halle – Erfurt (1:2) hilft der Leipziger dem Nationalspieler Carsten Sänger aus der Klemme. Weil dieser bei der Dopingprobe nicht kann, lässt kurzerhand Sportkamerad Eßbach sein Wasser. Das Problem dabei: Der Schiedsrichter hatte ein Mittel gegen Erkältung eingenommen, die Probe ist positiv. Der Schwindel fliegt auf, Eßbachs Traum von der Bundesliga-Karriere ist beendet.
Am 12. September, drei Wochen vor dem Ende der Deutschen Demokratischen Republik, sendet die DDR-Nationalelf noch ein letztes kräftiges Lebenszeichen. Im Brüsseler Heyssel-Stadion besiegt das Team von Trainer Eduard Geyer am 12. September die Belgier mit 2:0. Der letzte DDR-Kapitän ist Matthias Sammer. Er ist auch der überragende Mann auf dem Feld und schießt sowohl das vorletzte als auch das letzte Tor für die DDR. In der Aufstellung fehlen Spieler wie Ulf Kirsten und Andreas Thom, die bereits in der Bundesliga aktiv sind. Überhaupt hagelt es vor der Partie Absagen, sodass Jens Schmidt, Jens Adler und Jörg Schwanke noch schnell zu ihrem Länderspieldebüt kommen.

Die Elf des Abschiedsspiels:

Jens Schmidt (90. Jens Adler);
Heiko Peschke, Andreas Wagenhaus, Detlef Schößler,
Jörg Schwanke, Jörg Stübner (26. Stefan Böger), Matthias Sammer, Heiko Bonan,
Dariusz Wosz, Heiko Scholz (87. Torsten Kracht), Uwe Rösler.

1992

Nach fünf sieglosen Spielen in Folge und dem neuerlichen Scheitern in der EM-Qualifikation ist der Österreichische Fußball am Boden. Jetzt muss ein starker Mann her, der einen kräftigen Ruck durch das Team gehen lässt. Ernst Happel, schon 66 Jahre alt und von seiner Krebserkrankung schwer gezeichnet, lässt sich überreden und spricht: »Na gut, dann mach ma halt a Revolution.« In der WM-Qualifikation werden ihm Frankreich, Schweden, Bulgarien, Israel und Finnland zugelost. »Na, dann wer ma uns halt qualifiziern«, sagt der ehemalige HSV-Trainer und fügt hinzu: »Das Problem heißt Finnland.«
Der Pedant, der jeden Spieler, der zu spät zur Busabfahrt kommt, auf eigene Kosten mit dem Taxi nachfahren lässt, kommt zum Testspiel gegen Wales erst zwei Minuten nach dem Anpfiff aus der Kabine. »Mei Matratzn muss erst wieder nachwachsen«, begründet er die Verspätung. Der Taktiker wollte bei der Nationalhymne nicht sein Käppi abnehmen und seinen wegen der Chemotherapie haarlosen Kopf zeigen. Sieben Monate und zwei WM-Qualifikationsspiele später ist Happel tot. Ohne ihn misslingt die Revolution. Bundeskanzler Franz Vranitzky verabschiedet Happel mit den Worten: »Er hat dem österreichischen Fußball neue Kraft gegeben, als er selber schon fast keine Kraft mehr hatte.«

1999

Europapokal? Das ist, wenn 22 Spieler mit ihren jeweils vier Schatten über den Platz rennen, keinem einzigen Zweikampf aus dem Weg gehen. Das ist, wenn in zwei Spielen um Alles oder Nichts gekämpft wird und die Auswärtstore doppelt zählen. Nach dem Rückspiel ist ein Team weiter und das andere draußen, im Extremfall k.o. geschossen durch zehn oder mehr Elfmeter. Aus, vorbei, das war einmal. Am 19. Mai wird zum letzten Mal der Europacup der Pokalsieger vergeben, Lazio Rom erhält ihn nach einem 2:1-Sieg über CD Mallorca in Birmingham. Die UEFA läuft Amok und murkst die rauschenden K.o.-Spiele der besten K.o.-System-Teams aller Länder ab. Übrig lässt sie zwei Wettbewerbe mit öden Gruppenphasen. Den UEFA-Cup werten die Totengräber der Pokalnächte de facto zur Trostrunde ab, indem sie die Ausgeschiedenen der Champions-League-Vorrunde mitkicken lassen.
Leb wohl, Europapokal. War 'ne schöne Zeit mit dir.

2009

Der letzte kleine Kaiser kommt auf die Welt. Er wurde in der Halbzeitpause des EM-Finales 2008 auf der VIP-Toilette mit einer blonden Volunteer-Hostess gezeugt. Damit ist die kaiserliche Armee komplett, die Lichtgestalt hat ihre Mission erfüllt und setzt sich zur Rechten des Fußballgottes zur Ruhe. Wenn der Juniorkaiser erwachsen ist, wird er zusammen mit seinen Brüdern den Geldvermehrern und Spaßabschneidern der FIFA und UEFA mit einem eleganten Geniestreich die Macht entreißen und den Fans das Spiel zurückgeben. Gerade noch rechtzeitig.
Dabei zitiert er regelmäßig einen Fünfzeiler, der erstmals bei der WM 2006 die Runde machte:

Erst wenn der letzte Block versitzplatzt ist,
das letzte Spiel verschlüsselt,
der letzte Fan rausgeekelt,
werdet Ihr feststellen,
dass Geld keine Tore schießen kann.
(Weissagung der Fans)

Dank an:

Die Statistik-Götter von IFFHS und RSSSF und alle anderen Zahlenfetischisten fürs Sammeln und Inspirieren, alle hauptberuflichen und hobbymäßigen Balltreter und Sprücheklopfer, die fleißigen Eichbörnchen fürs Feilen, Veredeln und Rausputzen, Seppi und Peddy Schwanzer sowie Steffi und Christian Oswald für die computertechnische Erstversorgung, die Niederrother Teamkollegen fürs Mich-Mitziehen und ganz besonders meiner Familie für die Unterstützung und Geduld.
Ohne Euch wär's nix geworden.

Der Autor in Zahlen:

Schuhgröße 42 1/2, Jg. 1972, 183 cm, 80 kg.
1990 Bayerischer A-Jugend-Meister mit dem FC Augsburg.
1990 bis 1991 im Bayernliga-Kader des FC Augsburg,
1 Einsatz im ausverkauften Grünwalder Stadion gegen 1860.
2003 bis 2006 Spielertrainer des Kreisklassisten SV Niederroth.
0 Rote Karten, aber einige gelb-rote (meist wegen 9-mal-kluger Bemerkungen).
Rückennummer 3, zuletzt aber lediglich als Libero tragbar.
Pro Spiel war nur noch 1 Vorstoß drin.